SE 07

Curso
MAD360

*La diferencia entre aprobar
y sacar plaza*

Conserje

AF212162

AYUNTAMIENTO DE ZAMORA

Si aún no dispones de tu **Curso MAD360**, te ofrecemos un acceso GRATIS de 30 días para que disfrutes de los siguientes recursos:

- Técnicas de Memoria 360.
- MADTEST: Test *online* Nivel PRO.
- Temario en formato digital.
- Vídeos.
- Esquemas.
- Planificación de estudio.
- Foro entre opositores hasta la fecha del examen.*
- Recursos y novedades exclusivas.
- Consulta sobre la oposición y el proceso selectivo.
- Actualizaciones legislativas (Boletines Oficiales) hasta 60 días antes de la fecha del examen.*

Para acceder a esta prueba del Curso MAD360** será necesaria la compra de todos los libros para esta especialidad de la edición 2025.

Regístrate en **mad.es/iniciar-sesion** y en la pestaña BIBLIOTECA valida los códigos que encuentras en la última página de tus libros.

NOTA IMPORTANTE:

* Examen de esta categoría profesional correspondiente a la convocatoria publicada en el BOE n.º 48, de 25 de febrero de 2025, o hasta el 30 de abril de 2026, lo que se cumpla antes, y previa renovación del servicio.

** El acceso al CURSO MAD360 estará disponible desde abril de 2025 (algunos recursos podrían estar disponibles en fecha posterior). Tendrá una duración de 30 días RENOVABLES mediante pago, desde la validación de códigos, o hasta el 31 de octubre de 2026, lo que se cumpla antes.

MAD se reserva el derecho a ampliar dichas fechas.

Conserje del Ayuntamiento de Zamora

Abril, 2025

Conserje del Ayuntamiento de Zamora

Test y Supuestos prácticos

Autores

JOSÉ ANTONIO VEGA ÁLVAREZ
MAESTRO INDUSTRIAL

LUIS SILVA GARCÍA
DIPLOMADO UNIVERSITARIO EN ENFERMERÍA
RECUPERACIÓN DE URGENCIAS

© 7 Editores Recursos para la Cualificación Profesional y el Empleo, S.L. (7 Editores)
©Los autores
Primera edición, abril 2025 (230 páginas)
Derechos de edición reservados a favor de 7 Editores
IMPRESO EN ESPAÑA
Diseño Portada: 7 Editores
Edita: 7 Editores
Avda. San Francisco Javier, 9 · Edificio Sevilla 2 · Planta 11 · Módulos 25-27 · 41018 Sevilla
Teléfono: 954 784 411 · WEB: www.mad.es · e-mail: administracion@7editores.com
ISBN: 978-84-142-9399-7
© "Editorial Mad" y "Eduforma" son nombres comerciales registrados de
7 Editores Recursos para la Cualificación Profesional y el Empleo, S.L.

Índice

TEST

SUPUESTOS PRÁCTICOS

MATERIAS COMUNES

BLOQUE I

La Constitución Española de 1978. Estructura y contenido. Principios generales. Derechos y deberes fundamentales de los españoles

1. ¿En qué se fundamenta la Constitución Española?

a) En un Estado social y democrático de Derecho.
b) En la indisoluble unidad de la Nación española.
c) En la independencia de los poderes del Estado.
d) En la organización territorial del Estado.

2. Según el artículo 3 de la CE, el castellano es la lengua oficial del Estado y todos los españoles:

a) Tienen el deber de usar y el derecho de conocer el castellano.
b) Tienen el derecho y el deber de conocer el castellano.
c) Tienen el deber de conocer y el derecho de usar el castellano.
d) Tienen el derecho de conocer y usar el castellano.

3. La Constitución Española reconoce y garantiza el derecho a la autonomía:

a) De las nacionalidades que la integran.
b) De las regiones que la integran.
c) De las Comunidades Autónomas que la integran.
d) De las nacionalidades y regiones que la integran.

4. El Preámbulo de la Constitución:

a) Tiene en sí carácter de norma jurídica.
b) Es una declaración de intenciones, destinada a interpretar lo que se quiere alcanzar con el contenido normativo de la Constitución.
c) Se trata de un texto sin fuerza jurídica de obligar.
d) Las respuestas b) y c) son correctas.

5. Señala la respuesta correcta respecto de la aprobación, ratificación y publicación de la Constitución Española:

a) Aprobada por las Cortes el 31 de octubre de 1978, ratificada por el pueblo en referéndum el 6 de diciembre de 1978 y publicada el 29 de diciembre de 1978.

b) Aprobada por las Cortes el 30 de octubre de 1978, ratificada por el pueblo en referéndum el 16 de diciembre de 1978 y publicada el 27 de diciembre de 1978.

c) Aprobada por las Cortes el 31 de octubre de 1978, ratificada por el pueblo en referéndum el 16 de diciembre de 1978 y publicada el 29 de diciembre de 1978.

d) Aprobada por las Cortes el 10 de octubre de 1978, ratificada por el pueblo en referéndum el 26 de diciembre de 1978 y publicada el 30 de diciembre de 1978.

6. ¿En qué parte de la Carta Magna se establece la exposición de motivos que impulsan la norma constitucional y los objetivos que con ella se pretenden alcanzar?

a) En el Título Preliminar.
b) En el Preámbulo.
c) En el Título I.
d) En el Título II.

7. La Constitución Española fue sancionada por:

a) El Rey.
b) El Presidente del Congreso.
c) Las Cortes Generales.
d) El Presidente del Gobierno.

8. ¿Cuáles de los siguientes españoles de origen pueden ser privados de su nacionalidad?

a) Exclusivamente los miembros de grupos terroristas.
b) Los miembros de grupos terroristas y los que atenten contra el Rey u otro miembro de la Casa Real.
c) Los que atenten contra un miembro de la Familia Real o del Gobierno de la Nación.
d) Ningún español de origen podrá ser privado de su nacionalidad.

9. Según la CE son fundamentos del orden político y la paz social:

a) La dignidad de la persona, los derechos violables que les son inherentes y el respeto a la ley.
b) La dignidad de la persona, el desarrollo limitado de la personalidad y el respeto a la ley.
c) El respeto a la ley, a los reglamentos administrativos y demás disposiciones legales.
d) La dignidad de la persona, los derechos inviolables que le son inherentes, el libre desarrollo de su personalidad, el respeto a la ley y a los derechos de los demás.

10. ¿Cuál de los siguientes es considerado por la CE como uno de los valores superiores del ordenamiento jurídico?

a) La jerarquía normativa.
b) El pluralismo político.
c) La publicidad normativa.
d) La equidad.

11. La forma política del Estado español es:

a) Democracia parlamentaria.
b) Gobierno parlamentario.
c) Monarquía parlamentaria.
d) República democrática.

12. La parte de la CE que regula la estructura de los principales órganos del Estado recibe el nombre de:

a) Parte dogmática.
b) Parte orgánica.
c) Parte estatal.
d) Parte estructural.

13. Según la CE, la soberanía nacional:

a) Corresponde a las Cortes Generales, al estar compuestas por los representantes del pueblo.
b) Corresponde al Rey.
c) Reside en el pueblo español.
d) Corresponde al Gobierno de la Nación elegido directamente por el pueblo.

14. El derecho a la propiedad en nuestra Constitución es un Derecho:

a) Inherente a la condición humana.
b) Absoluto.
c) Limitado por la función social de la misma.
d) Ninguna de las respuestas anteriores es correcta.

15. ¿En qué parte de la Carta Magna se señalan los valores superiores del ordenamiento jurídico?

a) En el Preámbulo.
b) En el Título Preliminar.
c) En el Título I.
d) Ninguna respuesta es correcta.

16. ¿Cuál de las siguientes es una de las características de nuestra Constitución de 1978?

a) Consensuada.
b) Corta.
c) Conservadora.
d) Originalidad.

17. Son el fundamento del orden político y de la paz social:

a) El libre desarrollo de la personalidad.
b) Los derechos inviolables que les son inherentes.
c) El respeto a la ley y a los derechos de los demás.
d) Todas las respuestas son correctas.

18. ¿Qué quedará excluido de extradición?

a) Los delitos criminales.
b) Los delitos políticos.
c) Los actos de terrorismo.
d) Ninguno.

19. ¿Qué debe ser democrático, a tenor de lo dispuesto en la Constitución Española, en los sindicatos de trabajadores y las asociaciones empresariales?

a) Su funcionamiento.
b) Su estructura interna.
c) Su funcionamiento y estructura interna.
d) Sus órganos asamblearios.

20. ¿De cuántos Capítulos consta el Título I de la CE de 1978?

a) De tres.
b) De cinco.
c) De dos.
d) De cuatro.

21. Si un poder público, en su actuación, infringe lo dispuesto en el Preámbulo de la Constitución:

a) Incurre en nulidad.
b) Incurre en inconstitucionalidad.
c) No pasa nada, salvo que, como consecuencia de esa actuación, se infrinja un artículo de la propia Constitución.
d) Nada de lo anterior es cierto.

22. El principio en virtud del cual el ciudadano está amparado por una legislación no sujeta a continuos vaivenes es el de:

a) Legalidad.
b) Publicidad normativa.
c) Seguridad jurídica.
d) Jerarquía normativa.

23. El principio en virtud del cual un Reglamento no puede contradecir una Ley es el de:

a) Legalidad.
b) Jerarquía normativa.
c) Las respuestas a) y b) son correctas.
d) Seguridad jurídica.

24. Según la Constitución, una norma que imponga una nueva pena más leve para un delito:

a) No se aplica retroactivamente.
b) Puede aplicarse retroactivamente.
c) Ha de ser reglamentaria.
d) Atenta contra el principio de legalidad penal si se aplica retroactivamente.

25. Todos los españoles, respecto al castellano, tienen el:

a) Derecho-deber de conocerlo.
b) Derecho de usar y deber de conocerlo.
c) Derecho-deber de usarlo.
d) Nada de lo anterior.

Solución al test n.º 1

1. b) En la indisoluble unidad de la Nación española.

2. c) Tienen el deber de conocer y el derecho de usar el castellano.

3. d) De las nacionalidades y regiones que la integran.

4. d) Las respuestas b) y c) son correctas.

5. a) Aprobada por las Cortes el 31 de octubre de 1978, ratificada por el pueblo en referéndum el 6 de diciembre de 1978 y publicada el 29 de diciembre de 1978.

6. b) En el Preámbulo.

7. a) El Rey.

8. d) Ningún español de origen podrá ser privado de su nacionalidad.

9. d) La dignidad de la persona, los derechos inviolables que le son inherentes, el libre desarrollo de su personalidad, el respeto a la ley y a los derechos de los demás.

10. b) El pluralismo político.

11. c) Monarquía parlamentaria.

12. b) Parte orgánica.

13. c) Reside en el pueblo español.

14. c) Limitado por la función social de la misma.

15. b) En el Título Preliminar.

16. a) Consensuada.

17. d) Todas las respuestas son correctas.

18. b) Los delitos políticos.

19. c) Su funcionamiento y estructura interna:

20. b) De cinco.

21. c) No pasa nada, salvo que, como consecuencia de esa actuación, se infrinja un artículo de la propia Constitución.

22. c) Seguridad jurídica.

23. c) Las respuestas a) y b) son correctas.

24. b) Puede aplicarse retroactivamente.

25. b) Derecho de usar y deber de conocerlo.

TEST N.º 2

**La organización territorial del Estado en la Constitución.
La Comunidad de Castilla y León, y su Estatuto de Autonomía:
Título Preliminar. La Administración Local en el Estatuto**

1. Según la Constitución, las entidades que forman parte de la organización territorial del Estado tienen la nota común de:

a) Autogobierno.
b) Independencia.
c) Autonomía.
d) Financiación propia.

2. La titularidad de la soberanía española radica en el/las:

a) Cortes Generales como representantes del pueblo español.
b) Rey como Jefe del Estado.
c) Pueblo mismo.
d) Nacionalidades y regiones que integran España.

3. No pueden constituirse en Comunidades Autónomas los territorios:

a) Que no estén integrados en la organización provincial.
b) Que, no siendo superiores a una provincia, tengan entidad regional histórica.
c) Que, no siendo superiores a una provincia, no tengan entidad regional histórica.
d) Interinsulares.

4. La vía ordinaria de acceso a la autonomía por el artículo 143 de la Constitución se sigue por los/las:

a) Provincias con entidad regional histórica.
b) Territorios que en el pasado hubieren plebiscitado afirmativamente proyecto de Estatuto de Autonomía.
c) Provincia sin entidad regional histórica directamente.
d) Supuestos especiales de Ceuta, Melilla y Gibraltar.

5. Entre las determinaciones de los Estatutos de Autonomía no es necesario incluir la:

a) Delimitación de su territorio.
b) Denominación de las instituciones autónomas propias.
c) Denominación de la Comunidad.
d) Denominación, organización y sede de sus instituciones administrativas.

6. En las Comunidades Autónomas que siguen la vía común, el Proyecto de Estatuto será elaborado por la/los:

a) Asamblea de Parlamentarios que se constituye al efecto.
b) Comisión Constitucional del Congreso de los Diputados.
c) Diputación Provincial correspondiente.
d) Miembros de la Diputación u órgano interinsular y por los Diputados y Senadores elegidos por ellas.

7. El voto de ratificación por los Plenos del Senado y del Congreso de los Diputados se dará en el/las:

a) Comunidades Autónomas que siguen la vía común.
b) Comunidades Autónomas que siguen la vía especial.
c) Acceso a la autonomía de Ceuta y Melilla.
d) Acceso a la autonomía de Gibraltar.

8. La responsabilidad política del Presidente de una Comunidad Autónoma se exige por el/la:

a) Sala de lo Penal del Tribunal Supremo.
b) Congreso de los Diputados.
c) Tribunal Superior de Justicia de la Comunidad Autónoma.
d) Asamblea Legislativa de la Comunidad Autónoma.

9. La Asamblea Legislativa de las Comunidades Autónomas se elige:

a) Con criterios de representación territorial.
b) Con criterios de representación proporcional.
c) Por sufragio individual.
d) Con criterios de representación provincial.

10. El principio de coordinación con la Hacienda estatal se consigue por:

a) El Fondo de Compensación Interterritorial.
b) Los preceptos de las sucesivas Leyes de Presupuestos Generales del Estado.
c) La creación del Consejo de Política Fiscal y Financiera de las Comunidades Autónomas.
d) Imperativo de la propia Constitución.

11. Los Estatutos de Autonomía deberán contener el/la/las:

a) Competencias que se dejan al Estado y las que asume la Comunidad.
b) Competencias que, en función de la Constitución, asume cada Comunidad Autónoma.
c) Desarrollo de la Administración Autonómica.
d) División provincial y órganos de gobierno.

12. En la reforma de los Estatutos intervienen las Cortes Generales:

a) Siempre.
b) Nunca.
c) Sólo cuando se trata de Comunidades Autónomas que accedieron por la vía común.
d) En las Comunidades Autónomas de vía especial exclusivamente.

13. Los miembros de las Diputaciones u órganos interinsulares intervienen en la elaboración de los Estatutos de Autonomía:

a) En todo caso.
b) Nunca.
c) En las Comunidades Autónomas de vía común.
d) En las Comunidades Autónomas de vía especial.

14. Los Estatutos de Autonomía en la vía común se aprueban por el:

a) Congreso de los Diputados mediante Ley Orgánica.
b) Congreso de los Diputados y Senado por Ley Orgánica.
c) Congreso de los Diputados y Senado por Ley ordinaria.
d) Parlamento Autonómico solamente.

15. La más alta representación de una Comunidad Autónoma la ostenta el:

a) Presidente del Parlamento Autonómico.
b) Presidente de la Comunidad Autónoma.
c) Rey.
d) Presidente del Gobierno de la Nación.

16. La asunción de competencias y de mayor autonomía por las Comunidades Autónomas es, como regla general:

a) Regresiva.
b) Progresiva.
c) Automática.
d) Inmediata.

17. En la elaboración por la vía común de los Estatutos de Autonomía:

a) No intervienen los Municipios afectados.
b) Intervendrán en todo caso.
c) Sólo intervienen las Diputaciones Provinciales u órganos interinsulares.
d) Sólo intervienen los Municipios y los Diputados y Senadores.

18. El principio de solidaridad consagrado por el artículo 138 de la Constitución exige una atención especial a:

a) Las Comunidades Autónomas de economía más deprimida.
b) Las Entidades locales de ámbito territorial inferior al municipal.
c) Todas las partes del territorio nacional.
d) Las Islas.

19. La federación de Comunidades Autónomas, según la Constitución:

a) Sólo se permite respecto de las limítrofes.
b) Requiere Ley Orgánica de las Cortes Generales.
c) Ha de efectuarse previa reforma de la propia Constitución.
d) Está absolutamente prohibida.

20. No es elemento del Municipio el/la/las:

a) Organización.
b) Territorio.
c) Competencias.
d) Población.

21. El Estatuto de Autonomía de Castilla y León se aprobó por:

a) La LO 4/1985.
b) La LO 4/1983.
c) La LO 5/1983.
d) La LO 5/1985.

22. El número de artículos del Estatuto es:

a) 50.
b) 91.
c) 43.
d) 51.

23. Los derechos y libertades de los ciudadanos de Castilla y León serán:

a) Los que se establezcan en Tratados Internacionales sobre Derechos Humanos ratificados por España.
b) Los que se establezcan en el Estatuto de Autonomía.

c) Los establecidos por la Constitución.
d) Todas son correctas.

24. El respeto a la lengua gallega:

a) Se recoge en la redacción inicial del Estatuto.
b) Se introdujo por la LO 4/99 de reforma del Estatuto.
c) No se recoge en el Estatuto de Castilla y León.
d) Se establecerá en una Ley.

25. Es un símbolo de la Comunidad Autónoma de Castilla y León:

a) El emblema o blasón.
b) El pendón.
c) El himno, que se establecerá mediante ley.
d) Todas son correctas.

26. La provincia de Segovia:

a) Forma parte desde el principio de la Comunidad Autónoma.
b) Cuenta con un régimen especial de autonomía.
c) No forma parte de la Comunidad de Castilla y León.
d) Se incorporó a la Comunidad Autónoma con la Ley Orgánica 5/1983.

Solución al test n.º 2

1. c) Autonomía.

2. c) Pueblo mismo.

3. d) Interinsulares.

4. a) Provincias con entidad regional histórica.

5. d) Denominación, organización y sede de sus instituciones administrativas.

6. d) Miembros de la Diputación u órgano interinsular y por los Diputados y Senadores elegidos por ellas.

7. b) Comunidades Autónomas que siguen la vía especial.

8. d) Asamblea Legislativa de la Comunidad Autónoma.

9. b) Con criterios de representación proporcional.

10. c) La creación del Consejo de Política Fiscal y Financiera de las Comunidades Autónomas.

11. b) Competencias que, en función de la Constitución, asume cada Comunidad Autónoma.

12. a) Siempre.

13. c) En las Comunidades Autónomas de vía común.

14. b) Congreso de los Diputados y Senado por Ley Orgánica.

15. b) Presidente de la Comunidad Autónoma.

16. b) Progresiva.

17. a) No intervienen los Municipios afectados.

18. d) Las Islas.

19. d) Está absolutamente prohibida.

20. c) Competencias.

21. b) La LO 4/1983.

22. b) 91.

23. d) Todas son correctas.

24. b) Se introdujo por la LO 4/99 de reforma del Estatuto.

25. d) Todas son correctas.

26. d) Se incorporó a la Comunidad Autónoma con la Ley Orgánica 5/1983.

El Ayuntamiento de Zamora: los niveles esenciales de la organización municipal. El alcalde, el Pleno y la Junta de Gobierno Local. Callejero de Zamora

1. ¿Cuál de las siguientes afirmaciones sobre Zamora es correcta?

a) Es la capital de provincia situada a mayor altitud de la Meseta Norte.
b) Su patrimonio románico consta de 10 iglesias en el casco histórico.
c) Es conocida como "la ciudad del Románico" por su gran número de templos de este estilo.
d) Su origen se remonta a la época medieval, cuando fue fundada por los musulmanes.

2. ¿Cuál de los siguientes órganos es el máximo órgano de representación política de los ciudadanos en el Ayuntamiento de Zamora?

a) La Junta de Gobierno Local.
b) El Pleno Municipal.
c) La Comisión Especial de Cuentas.
d) La Junta de Portavoces.

3. ¿Quién es la máxima autoridad del Ayuntamiento de Zamora?

a) El Pleno Municipal.
b) La Junta de Gobierno Local.
c) El Alcalde o Alcaldesa.
d) Los Tenientes de Alcalde.

4. Según el ROM, ¿qué tipo de delegaciones puede realizar el Alcalde o Alcaldesa del Ayuntamiento de Zamora?

a) Solo delegaciones genéricas para áreas específicas.
b) Solo delegaciones especiales para la gestión de proyectos o servicios determinados.
c) Delegaciones que únicamente incluyen la facultad de emitir actos administrativos.
d) Delegaciones genéricas y delegaciones especiales.

5. Señala la respuesta incorrecta. El Alcalde o Alcaldesa puede efectuar delegaciones en los siguientes órganos:

a) El Pleno Municipal.
b) La Junta de Gobierno Local.
c) Los/las Tenientes de Alcalde.
d) Los/las Concejales/as Delegados/as.

6. ¿De qué manera se registran los Decretos adoptados por la Alcaldía según el ROM?

a) Se registran en un Libro Registro de Decretos electrónico y se notifican a través de la Secretaría General.
b) Se registran en un Libro Manual de Decretos y se comunican solo al Pleno Municipal.
c) Se registran en un archivo físico y se envían por correo electrónico a los concejales.
d) No es necesario registrar los Decretos adoptados por la Alcaldía.

7. ¿Cuál de los siguientes puestos de personal eventual puede disponer la Alcaldía según el ROM?

a) Un/a Secretario/a general, un/a responsable de recursos humanos y un/a asesor/a.
b) Un/a Jefe/a de Gabinete, un/a Secretario/a particular y un/a asesor/a.
c) Un/a Director/a de comunicación, un/a Jefe/a de operaciones y un/a asesor/a.
d) Un/a Técnico/a de protocolo, un/a asistente administrativo/a y un/a asesor/a.

8. ¿Quién ostenta la Presidencia del Pleno del Ayuntamiento de Zamora según el ROM?

a) El Secretario/a General del Ayuntamiento.
b) El Alcalde o Alcaldesa.
c) El Interventor/ra Municipal.
d) Un Teniente de Alcalde, en caso de ausencia del Alcalde o Alcaldesa.

9. ¿Cuál de las siguientes afirmaciones es correcta acerca de las sesiones extraordinarias del Pleno de Zamora?

a) Pueden ser convocadas por la Alcaldía sin límite de veces al año.
b) Sólo pueden ser solicitadas por la mitad de los miembros del Pleno.
c) La solicitud debe ser realizada mediante escrito firmado por al menos una cuarta parte de los miembros de la Corporación.
d) Se pueden convocar sin necesidad de justificar la urgencia del asunto a tratar.

10. ¿Qué ocurre si la mayoría simple del Pleno no aprecia la urgencia de una sesión extraordinaria urgente convocada por la Alcaldía?

a) La sesión se celebrará igualmente, pero se modificará el orden del día.
b) La sesión se suspende y se convocará nuevamente con una antelación mínima de dos días hábiles.

c) La Alcaldía podrá reprogramar la sesión en un plazo máximo de 24 horas.

d) La sesión se levanta inmediatamente después del pronunciamiento sobre la urgencia.

11. ¿Qué está establecido sobre el quórum de asistencia para validar una sesión del Pleno?

a) Se necesita la presencia de la mitad de los concejales y del Secretario/a General.

b) Se necesita un tercio de los miembros del Pleno, incluyendo al Presidente/a y al Secretario/a General o sus sustitutos.

c) Solo se necesita la presencia del Presidente/a y del Secretario/a General para validar la sesión.

d) La sesión se valida con la presencia de todos los concejales y el Secretario/a General.

12. ¿Quién es responsable de convocar las sesiones del Pleno?

a) El Secretario/a General del Ayuntamiento.

b) La Junta de Portavoces.

c) La Alcaldía.

d) Los concejales de mayor antigüedad.

13. ¿En qué casos se permitirá la participación a distancia en las sesiones plenarias?

a) En todas las sesiones plenarias, sin restricciones.

b) En todas las sesiones de votación, sin importar la situación del concejal.

c) En sesiones de constitución y elección de la Alcaldía.

d) En casos de enfermedad grave y prolongada o riesgo durante el embarazo, con autorización de la Junta de Gobierno Local.

14. ¿Cuál es el principio que rige el desarrollo de las sesiones del Pleno?

a) La sesión puede durar varios días si es necesario.

b) Las sesiones deben concluir en un solo acto, pero la Presidencia puede prorrogarla o incluir los asuntos pendientes en la siguiente sesión.

c) Las sesiones deben desarrollarse en un único acto, pero solo si hay quorum completo.

d) Las sesiones siempre deben concluir el mismo día, sin excepciones.

15. ¿Cuál de las siguientes afirmaciones sobre las intervenciones en las sesiones del Pleno es correcta?

a) La Presidencia puede dar por concluida la discusión tras dos turnos de intervención y proceder a la votación.

b) Los turnos de los Grupos Políticos no están limitados en tiempo.

c) Los miembros de la Corporación pueden intervenir sin necesidad de autorización previa de la Presidencia.

d) No se permiten intervenciones por alusiones durante las sesiones del Pleno.

16. ¿Cuál de las siguientes afirmaciones sobre las formas de las propuestas de acuerdo en el Pleno es correcta?

a) La enmienda parcial se debate y vota después del dictamen o proposición cuya modificación se pretende.

b) La moción se somete a votación primero su urgencia, antes de ser debatida.

c) La proposición es presentada por la Junta de Portavoces, pero no necesita ser incluida en el orden del día para su debate.

d) El voto particular es una propuesta que modifica el dictamen después de que este haya sido aprobado por el Pleno.

17. ¿Qué ocurre si se aprueba un voto particular en el Pleno?

a) Se modifica el dictamen de la Comisión Informativa, que deberá ser debatido y votado según el contenido final del voto particular.

b) La propuesta del voto particular se vota después del dictamen, sin modificarlo.

c) El voto particular se incluye en el orden del día de la próxima sesión del Pleno.

d) El voto particular se considera un asunto independiente que no afecta al dictamen.

18. ¿Cuál de las siguientes afirmaciones es correcta sobre la Junta de Gobierno Local?

a) La Alcaldía no tiene la facultad de determinar el número de miembros de la Junta de Gobierno Local.

b) Los acuerdos adoptados por la Junta de Gobierno Local en el ejercicio de competencias delegadas tienen los mismos efectos que si los hubiera tomado el órgano competente originario.

c) Los miembros de la Junta de Gobierno Local deben ser designados por el Pleno.

d) La condición de miembro de la Junta de Gobierno Local es obligatoria y no pueden renunciar a ella.

19. ¿Qué ocurre si un miembro de la Junta de Gobierno Local no acepta el nombramiento o desea renunciar al mismo?

a) El miembro debe presentar una renuncia formal ante el Pleno.

b) El nombramiento será automáticamente revocado por la Alcaldía.

c) El miembro debe esperar la aprobación del Pleno para renunciar.

d) Si no hay renuncia expresa, se considera que el nombramiento es aceptado tácitamente.

20. ¿Cómo está organizada la ciudad de Zamora en cuanto a zonas y barrios?

a) La ciudad se divide en tres zonas: Norte, Este y Oeste, con barrios como Cabañales y Las Canteras de Raposo.

b) La ciudad se divide en cuatro zonas: Norte, Este, Centro y Sur, con barrios como Alviar, Candelaria y Casco Antiguo.

c) La ciudad está organizada en dos zonas principales: Norte y Sur, con barrios como La Villarina y San Frontis.

d) La ciudad de Zamora no está dividida en zonas, sino solo en barrios distribuidos aleatoriamente.

21. ¿Cuál de los siguientes barrios pertenece a la zona Sur de Zamora?

a) Cabañales.
b) Las Llamas.
c) Los Bloques.
d) Peña de Francia.

22. ¿Qué barrio se encuentra en la zona Este de Zamora?

a) San Lázaro.
b) Rabiche.
c) Las Viñas.
d) Tres Cruces.

23. ¿Qué calle de Zamora se caracteriza por su empinada pendiente y sus casas de fachadas coloridas con balcones de madera, muchas de las cuales datan de los siglos XVII y XVIII?

a) Rúa de los Notarios.
b) Calle del Troncoso.
c) Calle de los Herreros.
d) Calle Balborraz.

24. ¿Cuál de las siguientes avenidas de Zamora conecta el centro de la ciudad con la salida hacia Portugal?

a) Avenida de Lisboa.
b) Avenida de Portugal.
c) Avenida Príncipe de Asturias.
d) Avenida Alfonso IX.

25. ¿Qué carretera conecta Zamora con otras localidades y facilita el acceso a Portugal?

a) N-630.
b) Calle Riego.
c) Calle de San Torcuato.
d) N-122.

26. ¿Qué carretera conecta Zamora con la comarca de Sanabria, pasando por el norte de la provincia?

a) N-631.
b) N-630.
c) Avenida de Valladolid.
d) Avenida de Requejo.

27. ¿Cuál de las siguientes avenidas conecta el centro de la ciudad de Zamora con las áreas septentrionales y alberga la Biblioteca Municipal San José Obrero?

a) Avenida de Vigo.
b) Avenida de Galicia.
c) Avenida de Valladolid.
d) Avenida de Cardenal Cisneros.

28. ¿Qué calle de la zona este de Zamora conecta con la carretera hacia Salamanca y está cerca del Parque de Bomberos Consorcio de Zamora?

a) Calle de Salamanca.
b) Avenida Universidad de Salamanca.
c) Avenida de Requejo.
d) Calle de la Hiniesta.

29. ¿Qué calle en la zona sur de Zamora conecta el casco urbano con la zona de Pinilla y otras áreas del sur de la ciudad, ofreciendo vistas al río Duero?

a) Calle Puente de Hierro.
b) Avenida de la Feria.
c) Calle de Fermoselle.
d) Avenida del Mengue.

30. ¿Qué calle de Zamora se caracteriza por ser peatonal en todo su recorrido y conectar el parque de la Marina Española con la Plaza Mayor, además de contar con varias plazas a lo largo de su trayecto?

a) Calle de Santa Clara.
b) Calle de la Amargura.
c) Paseo de las Vistillas.
d) Calle de San Torcuato.

Solución al test n.º 3

1. c) Es conocida como "la ciudad del Románico" por su gran número de templos de este estilo.

2. b) El Pleno Municipal.

3. c) El Alcalde o Alcaldesa.

4. d) Delegaciones genéricas y delegaciones especiales.

5. a) El Pleno Municipal.

6. a) Se registran en un Libro Registro de Decretos electrónico y se notifican a través de la Secretaría General.

7. b) Un/a Jefe/a de Gabinete, un/a Secretario/a particular y un/a asesor/a.

8. b) El Alcalde o Alcaldesa.

9. c) La solicitud debe ser realizada mediante escrito firmado por al menos una cuarta parte de los miembros de la Corporación.

10. d) La sesión se levanta inmediatamente después del pronunciamiento sobre la urgencia.

11. b) Se necesita un tercio de los miembros del Pleno, incluyendo al Presidente/a y al Secretario/a General o sus sustitutos.

12. c) La Alcaldía.

13. d) En casos de enfermedad grave y prolongada o riesgo durante el embarazo, con autorización de la Junta de Gobierno Local.

14. b) Las sesiones deben concluir en un solo acto, pero la Presidencia puede prorrogarla o incluir los asuntos pendientes en la siguiente sesión.

15. a) La Presidencia puede dar por concluida la discusión tras dos turnos de intervención y proceder a la votación.

16. b) La moción se somete a votación primero su urgencia, antes de ser debatida.

17. a) Se modifica el dictamen de la Comisión Informativa, que deberá ser debatido y votado según el contenido final del voto particular.

18. b) Los acuerdos adoptados por la Junta de Gobierno Local en el ejercicio de competencias delegadas tienen los mismos efectos que si los hubiera tomado el órgano competente originario.

19. d) Si no hay renuncia expresa, se considera que el nombramiento es aceptado tácitamente.

20. b) La ciudad se divide en cuatro zonas: Norte, Este, Centro y Sur, con barrios como Alviar, Candelaria y Casco Antiguo.

21. a) Cabañales.

22. c) Las Viñas.

23. d) Calle Balborraz.

24. b) Avenida de Portugal.

25. d) N-122.

26. a) N-631.

27. b) Avenida de Galicia.

28. a) Calle de Salamanca.

29. a) Calle Puente de Hierro.

30. a) Calle de Santa Clara.

TEST N.º 4

Ley 7/1985, de 2 de abril, Reguladora de las Bases del Régimen Local: bienes, actividades y servicios de las entidades locales. Haciendas locales

1. Tienen la consideración de bienes comunales:

a) Aquellos cuyo aprovechamiento corresponda al común de los vecinos.
b) Aquellos cuyo aprovechamiento corresponda al común de los ciudadanos.
c) Aquellos cuyo aprovechamiento corresponda al común de los residentes.
d) Los destinados a un uso o servicio público.

2. La alteración de la calificación jurídica de los bienes de las Entidades Locales requiere expediente en el que se acrediten:

a) Su oportunidad.
b) Su legalidad.
c) Su oportunidad y legalidad.
d) La conveniencia de la alteración.

3. De conformidad con el artículo 142 de la Constitución Española:

a) Las Haciendas Locales deberán disponer de los medios suficientes para el desempeño de las funciones que la ley atribuye a las Corporaciones respectivas.
b) Las Haciendas Locales deberán disponer de los medios necesarios para el desempeño de las funciones que la ley atribuye a las Corporaciones respectivas.
c) Las Haciendas Locales deberán disponer de los medios suficientes para el desempeño de las necesidades que la ley atribuye a las Corporaciones respectivas.
d) Las Haciendas Locales deberán disponer de los medios suficientes para el desempeño de las actividades que la ley atribuye a las Corporaciones respectivas.

4. Según la Ley de Bases de Régimen Local:

a) Las Haciendas Locales se nutren, además de tributos propios y de las participaciones reconocidas en los del Estado y en los de las Comunidades Autónomas, de aquellos otros recursos que prevé la ley.

b) Las Haciendas Locales se nutren, además de tributos propios, de las participaciones reconocidas en los del Estado y en los de las Comunidades Autónomas.

c) Las Haciendas Locales se nutren, además de tributos propios, de las participaciones reconocidas en los del Estado.

d) Las Haciendas Locales se nutren, además de tributos propios, de las participaciones reconocidas en los de las Comunidades Autónomas.

5. Solo podrán establecerse prestaciones personales o patrimoniales de carácter público:

a) Con arreglo a la ley.
b) Con arreglo a la norma.
c) Con arreglo a los reglamentos.
d) Con arreglo a los Reales Decretos.

6. ¿Tienen las Entidades Locales potestad tributaria?

a) Sí, de carácter secundario.
b) Sí, de carácter primario.
c) No.
d) Solo la tiene el Estado.

7. La potestad reglamentaria de las Entidades Locales en materia tributaria se ejercerá a través de:

a) Ordenanzas Generales de Gestión, Recaudación e Inspección.
b) Ordenanzas Fiscales reguladoras de sus propios tributos.
c) Las respuestas anteriores son correctas.
d) Ordenanzas Fiscales reguladoras de las tasas.

8. La principal fuente de financiación de las Haciendas Locales son los/las:

a) Créditos obtenidos de las instituciones financieras.
b) Ingresos de Derecho Privado.
c) Tributos propios.
d) Prestaciones personales de los vecinos.

9. Nuestra vigente Constitución, respecto de las Haciendas Locales, consagra el principio de:

a) Autodeterminación.
b) Suficiencia.
c) Autonomía.
d) Dependencia del Estado.

10. Para alcanzar dicho principio, en relación con los tributos del Estado y de las Comunidades Autónomas, las Haciendas Locales:

a) Se encargarán de gestionarlos y recaudarlos.
b) Percibirán las cantidades abonadas por los mismos.
c) Participarán de los resultados de dichos tributos.
d) Determinarán cuáles se implantan en el respectivo territorio de la Entidad Local de que se trate.

11. En cualquier caso, los recursos con que cuenten las Haciendas Locales:

a) Han de ser suficientes para el cumplimiento de los fines de las Entidades Locales.
b) Deben tener carácter tributario.
c) Solo deben gestionarse por las propias Haciendas Locales.
d) Todo lo anterior es correcto.

12. Y estos recursos han de estar previstos, previa y originariamente, en un/una:

a) Ley ordinaria de las Cortes Generales.
b) Ley de los Parlamentos Autonómicos.
c) Ordenanza Fiscal de la propia Entidad.
d) Reglamento de carácter general.

13. La potestad tributaria de las Entidades Locales:

a) No tiene base legal alguna.
b) Es de carácter derivado o secundario.
c) En su territorio, tiene mayor valor que la propia del Estado.
d) La tienen reservada para la creación de sus propios tributos.

14. En cuanto a la posibilidad de dictar las Entidades Locales normas reglamentarias en esta materia:

a) Se manifiesta a través de Reglamentos Generales de Recaudación.
b) Se realiza mediante Bandos de los Alcaldes.
c) No se le reconoce legalmente.
d) Es requisito *sine qua non* para que puedan exigir sus tributos.

15. La figura a través de la cual se realiza dicha normación en esta materia por una Entidad Local es un/una:

a) Ley.
b) Ordenanza Fiscal.
c) Reglamento General.
d) Bando.

16. Respecto de los tributos previamente creados por una ley estatal como propios de las Entidades Locales, estas tienen:

a) Autonomía para establecerlos y exigirlos.
b) Que delegar en el Estado su gestión y recaudación.
c) Actuar al dictado de lo que señalen las Comunidades Autónomas respectivas.
d) Que ceder su aprovechamiento al propio Estado.

17. En relación con la gestión, recaudación e inspección de sus tributos propios, las Entidades Locales pueden:

a) Descentralizarlas en Entidades inferiores.
b) Concederlas a un particular o una empresa privada con personalidad jurídica.
c) Desconcentrarlas en otra Administración Pública.
d) Delegarlas en una Entidad Local de ámbito superior.

18. El recurso de reposición, en relación con los actos sobre aplicación y efectividad de un tributo local, en un Municipio de régimen común, es:

a) Inadmisible.
b) Potestativo para el particular.
c) Obligatorio.
d) El único posible en vía administrativa.

19. El ejercicio de la potestad de revisión de los actos dictados en vía de gestión tributaria se reserva al/a la:

a) Jurisdicción Contencioso-Administrativa.
b) Pleno de la Corporación.
c) Presidente de la Corporación.
d) Tribunal Económico-Administrativo competente.

20. Para que pueda producirse una compensación de deudas de una Entidad Local:

a) Ha de tenerla con un particular necesariamente.
b) Debe estar pendiente de exigirse.
c) No ha de haberse liquidado, produciéndose esta liquidación al efectuar dicha compensación.
d) Nada de lo anterior es correcto.

Solución al test n.º 4

1. a) Aquellos cuyo aprovechamiento corresponda al común de los vecinos.

2. c) Su oportunidad y legalidad.

3. a) Las Haciendas Locales deberán disponer de los medios suficientes para el desempeño de las funciones que la ley atribuye a las Corporaciones respectivas.

4. a) Las Haciendas Locales se nutren, además de tributos propios y de las participaciones reconocidas en los del Estado y en los de las Comunidades Autónomas, de aquellos otros recursos que prevé la ley.

5. a) Con arreglo a la ley.

6. a) Sí, de carácter secundario.

7. c) Las respuestas anteriores son correctas.

8. c) Tributos propios.

9. b) Suficiencia.

10. c) Participarán de los resultados de dichos tributos.

11. a) Han de ser suficientes para el cumplimiento de los fines de las Entidades Locales.

12. a) Ley ordinaria de las Cortes Generales.

13. b) Es de carácter derivado o secundario.

14. d) Es requisito *sine qua non* para que puedan exigir sus tributos.

15. b) Ordenanza Fiscal.

16. a) Autonomía para establecerlos y exigirlos.

17. d) Delegarlas en una Entidad Local de ámbito superior.

18. d) El único posible en vía administrativa.

19. b) Pleno de la Corporación.

20. d) Nada de lo anterior es correcto.

La Ley 39/2015, de 1 de octubre, del Procedimiento Administrativo Común de las Administraciones Públicas

1. En materia de representación, la LPACAP incluye nuevos medios para acreditarla en el ámbito exclusivo de las Administraciones Públicas, como son, entre otros:

a) El apoderamiento notarial de forma electrónica.
b) El apoderamiento *apud acta*, presencial o electrónico.
c) El apoderamiento *anod actus*, presencial o electrónico.
d) El apoderamiento *acta omnis*, presencial.

2. La LPACAP establece, con carácter general, la obligación de las Administraciones Públicas de:

a) No admitir que el interesado pueda presentar con carácter general copias de documentos en soporte papel.
b) No admitir que el interesado pueda presentar con carácter general copias de documentos que hayan sido digitalizadas.
c) Requerir documentos ya aportados por los interesados, elaborados por las Administraciones Públicas o documentos originales.
d) No requerir documentos ya aportados por los interesados, elaborados por las Administraciones Públicas o documentos originales.

3. La edad mínima para entablar por sí solo relaciones con la Administración Pública es de:

a) Dieciocho años.
b) Depende de los casos.
c) Veintiún años la mujer casada.
d) Dieciséis años.

4. La falta o insuficiente acreditación de la representación no impedirá que se tenga por realizado el acto de que se trate, siempre que se aporte aquella o se subsane el defecto dentro del plazo que deberá conceder al efecto el órgano administrativo, de:

a) Un mes, o de un plazo superior cuando las circunstancias del caso así lo requieran.

b) Veinte días, o de un plazo superior cuando las circunstancias del caso así lo requieran.

c) Quince días, o de un plazo superior cuando las circunstancias del caso así lo requieran.

d) Diez días, o de un plazo superior cuando las circunstancias del caso así lo requieran.

5. Los poderes inscritos en el registro electrónico de apoderamiento tendrán una validez determinada máxima de:

a) Diez años a contar desde la fecha de inscripción.

b) Cinco años a contar desde la fecha de inscripción.

c) Tres años a contar desde la fecha de inscripción.

d) Dos años a contar desde la fecha de inscripción.

6. Señala la respuesta incorrecta respecto a los interesados:

a) Se consideran interesados en el procedimiento administrativo los que, sin haber iniciado el procedimiento, tengan derechos que puedan resultar afectados por la decisión que en el mismo se adopte.

b) Cuando en una solicitud, escrito o comunicación figuren varios interesados, las actuaciones a que den lugar se efectuarán con el representante o el interesado que expresamente hayan señalado, y, en su defecto, con cualquiera de los demás.

c) Cuando la condición de interesado derivase de alguna relación jurídica transmisible, el derecho-habiente sucederá en tal condición cualquiera que sea el estado del procedimiento.

d) La presentación de una denuncia y la comparecencia en el trámite de información pública, respectivamente, no confieren u otorgan, por sí solas, la condición de interesado en el procedimiento.

7. En Derecho Administrativo, a diferencia del Derecho Privado, se puede reconocer a los menores de edad:

a) Capacidad jurídica.

b) Capacidad de obrar.

c) Ambas capacidades.

d) Ninguna de ellas.

8. Señala la respuesta incorrecta. Las Administraciones Públicas solo requerirán a los interesados el uso obligatorio de firma para:

a) Presentar declaraciones responsables o comunicaciones.

b) Adquirir derechos.

c) Interponer recursos.
d) Formular solicitudes.

9. Si durante la instrucción de un procedimiento, se advierte la existencia de personas que sean titulares de derechos o intereses legítimos y directos cuya identificación resulte del expediente y que puedan resultar afectados por la resolución que se dicte:

a) Se comunicará a dichas personas la tramitación del procedimiento cuando así lo solicite el interesado que inició el procedimiento.
b) Se publicará por edictos.
c) Se comunicará a dichas personas la tramitación del procedimiento cuando este no haya tenido publicidad.
d) No se comunicará, salvo que se presenten en forma legal en el procedimiento.

10. Con carácter general, para realizar cualquier actuación prevista en el procedimiento administrativo, será suficiente con que los interesados acrediten previamente su identidad a través de cualquiera de los medios de identificación previstos en la Ley 39/2015, de 1 de octubre. Las Administraciones Públicas NO requerirán a los interesados el uso obligatorio de firma para:

a) Identificar a las autoridades y al personal al servicio de las Administraciones Públicas bajo cuya responsabilidad se tramiten los procedimientos.
b) Desistir de acciones.
c) Presentar declaraciones responsables o comunicaciones.
d) Formular solicitudes.

11. En relación con la asistencia en el uso de medios electrónicos a los interesados, el art. 12.2 de la Ley 39/2015, de 1 de octubre, dispone que las Administraciones Públicas asistirán en el uso de medios electrónicos:

a) A quienes ejerzan una actividad profesional para la que se requiera colegiación obligatoria, para los trámites y actuaciones que realicen con las Administraciones Públicas en ejercicio de dicha actividad profesional.
b) A ciertos colectivos de personas físicas que por razón de su capacidad económica, técnica, dedicación profesional u otros motivos quede acreditado que tienen acceso y disponibilidad de los medios electrónicos necesarios.
c) A los empleados de las Administraciones Públicas para los trámites y actuaciones que realicen con ellas por razón de su condición de empleado público.
d) A los interesados no incluidos en los apartados 2 y 3 del artículo 14 de la Ley 39/2015, de 1 de octubre, que así lo soliciten, especialmente en lo referente a la identificación y firma electrónica, presentación de solicitudes a través del registro electrónico general y obtención de copias auténticas.

12. Si algunos de los interesados no dispone de los medios electrónicos necesarios, su identificación o firma electrónica en el procedimiento administrativo podrá ser válidamente realizada por un funcionario público mediante el uso del sistema de firma electrónica del que esté dotado para ello. En este caso:

a) Será necesario que el interesado que carezca de los medios electrónicos necesarios se identifique ante el funcionario.

b) Será necesario que el interesado que carezca de los medios electrónicos necesarios se identifique ante el funcionario y preste su consentimiento expreso para esta actuación.

c) Será necesario que el interesado que carezca de los medios electrónicos necesarios se identifique ante el funcionario y preste su consentimiento expreso para esta actuación, de lo que deberá quedar constancia para los casos de discrepancia.

d) Será necesario que el interesado que carezca de los medios electrónicos necesarios se identifique ante el funcionario y preste su consentimiento expreso para esta actuación, de lo que deberá quedar constancia para los casos de discrepancia o litigio.

13. Señala uno de los derechos que la Ley 39/2015, de 1 de octubre, del Procedimiento Administrativo Común de las Administraciones Públicas, reconoce a quienes tengan capacidad de obrar ante las Administraciones Públicas:

a) A la obtención y utilización de los medios de identificación y firma electrónica contemplados en la Ley 39/2015, de 1 de octubre.

b) A la protección de datos de carácter personal, y en particular a la seguridad y confidencialidad de los datos que figuren en los ficheros, sistemas y aplicaciones de las Administraciones Públicas.

c) A ser asistidos en el uso de medios electrónicos en sus relaciones con las Administraciones Públicas.

d) Todas las respuestas son correctas.

14. La Ley 39/2015, de 1 de octubre, del Procedimiento Administrativo Común de las Administraciones Públicas, reconoce a quienes tengan capacidad de obrar ante las Administraciones Públicas el derecho a comunicarse con las Administraciones Públicas a través de:

a) Un Punto de Acceso Rápido Telemático.

b) Un Punto Electrónico Central.

c) Un Punto Único Electrónico de contacto.

d) Un Punto de Acceso General electrónico de la Administración.

15. A menos que la naturaleza del documento exija otra forma más adecuada de expresión y constancia, las Administraciones Públicas deberán emitir los documentos administrativos:

a) Preferiblemente de forma verbal.

b) Por escrito, a través de medios electrónicos.

c) Verbal o en su defecto por escrito.

d) De cualquier forma que deje constancia de su recepción.

16. Indica cuál de los siguientes documentos electrónicos emitidos por las Administraciones Públicas no requieren de firma electrónica, aunque sí precisan identificar su origen:

a) Los documentos que formen parte de un expediente administrativo.

b) Los documentos que se publiquen con carácter sancionador.

c) Los documentos que se publiquen con carácter meramente informativo.

d) Todos los documentos electrónicos emitidos por una Administración Pública requieren de firma electrónica.

17. ¿Cuándo podrán los interesados solicitar la expedición de copias auténticas de los documentos públicos administrativos que hayan sido válidamente emitidos por las Administraciones Públicas?

a) Únicamente en la fase de audiencia.

b) Solo en la fase de prueba.

c) Siempre antes de la resolución del expediente administrativo.

d) En cualquier momento.

18. La solicitud de copias auténticas de los documentos públicos administrativos que hayan sido válidamente emitidos por las Administraciones Públicas se dirigirá al órgano que emitió el documento original, debiendo expedirse, salvo las excepciones derivadas de la aplicación de la Ley 19/2013, de 9 de diciembre, en el plazo de:

a) Un mes a contar desde la recepción de la solicitud en el registro electrónico de la Administración u Organismo competente.

b) Veinte días a contar desde la recepción de la solicitud en el registro electrónico de la Administración u Organismo competente.

c) Quince días a contar desde la recepción de la solicitud en el registro electrónico de la Administración u Organismo competente.

d) Diez días a contar desde la recepción de la solicitud en el registro electrónico de la Administración u Organismo competente.

19. Los documentos que los interesados dirijan a los órganos de las Administraciones Públicas podrán presentarse:

a) En las oficinas de Correos, en la forma que reglamentariamente se establezca.

b) En las representaciones diplomáticas u oficinas consulares de España en el extranjero.

c) En las oficinas de asistencia en materia de registros.

d) Todas las respuestas son correctas.

20. Señala la respuesta incorrecta respecto a la comparecencia de las personas:

a) La comparecencia de las personas ante las oficinas públicas, ya sea presencialmente o por medios electrónicos, solo será obligatoria cuando así esté previsto mediante Reglamento.

b) En los casos en que proceda la comparecencia, la correspondiente citación hará constar expresamente el lugar, fecha, hora, los medios disponibles y objeto de la comparecencia, así como los efectos de no atenderla.

c) Las Administraciones Públicas entregarán al interesado certificación acreditativa de la comparecencia cuando así lo solicite.

d) Todas las respuestas son incorrectas.

21. Señala la respuesta incorrecta:

a) Estarán obligados a relacionarse a través de medios electrónicos con las Administraciones Públicas para la realización de cualquier trámite de un procedimiento administrativo los notarios y registradores de la propiedad y mercantiles.

b) En los procedimientos tramitados por las Administraciones de las Comunidades Autónomas y de las Entidades Locales, el uso de la lengua se ajustará a lo previsto en la legislación nacional.

c) Cada Administración dispondrá de un Registro Electrónico General, en el que se hará el correspondiente asiento de todo documento que sea presentado o que se reciba en cualquier órgano administrativo, organismo público o entidad vinculado o dependiente a estos.

d) Las personas físicas podrán elegir en todo momento si se comunican con las Administraciones Públicas para el ejercicio de sus derechos y obligaciones a través de medios electrónicos o no, salvo que estén obligadas a relacionarse a través de medios electrónicos con las Administraciones Públicas.

22. ¿Quién puede obtener copias de documentos contenidos en un procedimiento que se esté tramitando?

a) Solo los interesados en él.
b) Cualquier ciudadano.
c) Nadie.
d) Solo otro órgano administrativo.

23. Si un interesado de una Comunidad Autónoma con lengua oficial específica se dirige a un órgano de la Administración General del Estado sito en su Comunidad, ha de hacerlo en:

a) Castellano necesariamente.
b) Su lengua oficial exclusivamente.
c) Cualquiera de las dos anteriores, a su opción.
d) La que se le indique por la citada Administración.

24. Los interesados en un procedimiento que conozcan datos que permitan identificar a otros interesados que no hayan comparecido en él:

a) Tienen el deber de proporcionárselos a la Administración actuante.

b) Pueden proporcionárselos a la Administración actuante, cuando lo estimen conveniente.

c) No tienen por qué aportarlos al procedimiento.

d) Solo tienen obligación de aportarlos cuando les proporcione un beneficio.

25. El plazo máximo en el que debe notificarse la resolución expresa será el fijado por la norma reguladora del correspondiente procedimiento. Este plazo, salvo que una norma con rango de ley establezca uno mayor o así venga previsto en el Derecho de la Unión Europea, no podrá exceder de:

a) Veinte días.

b) Un mes.

c) Tres meses.

d) Seis meses.

26. El transcurso del plazo máximo legal para resolver un procedimiento y notificar la resolución se podrá suspender:

a) Cuando deba obtenerse un pronunciamiento previo y preceptivo de un órgano de la Unión Europea, por el tiempo que medie entre la petición, que habrá de comunicarse a los interesados, y la notificación del pronunciamiento a la Administración instructora, que también deberá serles comunicada.

b) Cuando deban realizarse pruebas técnicas o análisis contradictorios o dirimentes propuestos por los interesados, durante el tiempo necesario para la incorporación de los resultados al expediente.

c) Cuando exista un procedimiento no finalizado en el ámbito de la Unión Europea que condicione directamente el contenido de la resolución de que se trate, desde que se tenga constancia de su existencia, lo que deberá ser comunicado a los interesados, hasta que se resuelva, lo que también habrá de ser notificado.

d) Todas las respuestas son correctas.

27. ¿Qué recurso cabe contra el acuerdo que resuelva sobre la ampliación de plazos?

a) Recurso de alzada.

b) Recurso extraordinario de revisión.

c) Recurso de reposición, en el plazo de un mes.

d) Ningún recurso.

28. Señala la respuesta correcta respecto al cómputo de plazos:

a) Salvo que por ley o en el Derecho de la Unión Europea se disponga otro cómputo, cuando los plazos se señalen por horas, se entiende que estas son naturales.

b) Siempre que por ley o en el Derecho de la Unión Europea no se exprese otro cómputo, cuando los plazos se señalen por días, se entiende que estos son naturales, incluyéndose en el cómputo los sábados, los domingos y los declarados festivos.

c) Los plazos expresados en días se contarán desde el mismo día en que tenga lugar la notificación o publicación del acto de que se trate, o desde el siguiente a aquel en que se produzca la estimación o la desestimación por silencio administrativo.

d) Cuando un día fuese hábil en el municipio o Comunidad Autónoma en que residiese el interesado, e inhábil en la sede del órgano administrativo, o a la inversa, se considerará inhábil en todo caso.

29. Señala la respuesta incorrecta respecto al cómputo de los plazos:

a) Cuando los plazos se hayan señalado por días naturales por declararlo así una ley o por el Derecho de la Unión Europea, se hará constar esta circunstancia en las correspondientes notificaciones.

b) Cuando el último día del plazo sea inhábil, se entenderá prorrogado al primer día hábil siguiente.

c) Los plazos expresados por horas se contarán de hora en hora y de minuto en minuto desde la hora y minuto en que tenga lugar la notificación o publicación del acto de que se trate y no podrán tener una duración superior a veinticuatro horas, en cuyo caso se expresarán en días.

d) La declaración de un día como hábil o inhábil a efectos de cómputo de plazos determina por sí sola el funcionamiento de los centros de trabajo de las Administraciones Públicas, la organización del tiempo de trabajo así como el régimen de jornada y horarios de las mismas.

30. El registro electrónico permite la presentación de documentos:

a) De lunes a viernes de 8 a 15 horas.
b) De lunes a viernes de 8 a 21 horas.
c) Todos los días del año de 8 a 21 horas.
d) Todos los días del año durante las veinticuatro horas.

31. ¿En qué caso podrá ser objeto de ampliación un plazo ya vencido?

a) En los procedimientos tramitados por las misiones diplomáticas y oficinas consulares.

b) En aquellos que, sustanciándose en el interior, exijan cumplimentar algún trámite en el extranjero o en los que intervengan interesados residentes fuera de España.

c) Siempre que así lo considere oportuno, y lo fundamente, el Instructor del procedimiento.

d) En ningún caso.

32. Cuando razones de interés público lo aconsejen, se podrá acordar, de oficio o a petición del interesado, la aplicación al procedimiento de la tramitación de urgencia, por la cual se reducirán a la mitad los plazos establecidos para el procedimiento ordinario, salvo:

a) Los relativos a la presentación de solicitudes.
b) Los relativos a la presentación de recursos.
c) Las respuestas a) y b) son correctas.
d) Ninguna respuesta es correcta.

33. Serán motivados, con sucinta referencia de hechos y fundamentos de derecho:

a) Los actos que se separen del criterio seguido en actuaciones precedentes o del dictamen de órganos consultivos.
b) Los actos que limiten derechos subjetivos o intereses legítimos
c) Los actos que resuelvan procedimientos de revisión de oficio de disposiciones o actos administrativos, recursos administrativos y procedimientos de arbitraje y los que declaren su inadmisión.
d) Todas las respuestas son correctas.

34. ¿Cuándo se hará la notificación por medio de un anuncio publicado en el Boletín Oficial del Estado?

a) Cuando se ignore el lugar de la notificación.
b) Cuando los interesados en un procedimiento sean conocidos.
c) Cuando intentada la notificación no se hubiera podido practicar.
d) Las respuestas a) y c) son correctas.

35. El contenido de un acto administrativo ha de ser:

a) Ilícito y determinado.
b) Posible y lícito.
c) Determinado o determinable e ilícito.
d) Imposible y lícito.

36. Los actos deben motivarse:

a) Siempre.
b) Nunca.
c) Cuando decidan un procedimiento.
d) Cuando la ley lo prescriba.

37. No tienen por qué motivarse los actos que:

a) Resuelvan recursos.
b) Limiten derechos subjetivos.

c) Se separen del dictamen de órganos consultivos.
d) Todos los anteriores deben motivarse.

38. En la notificación de todo acto administrativo no es necesario que conste siempre:

a) Su texto íntegro.
b) Los recursos que contra el mismo procedan.
c) Los motivos en que se basa la decisión.
d) El plazo de interposición de los recursos.

39. Para que un acto tenga eficacia retroactiva es necesario que:

a) Limite derechos de los particulares.
b) Restrinja el ejercicio de facultades de los particulares.
c) Imponga deberes u obligaciones.
d) No se lesionen derechos de otras personas.

40. Cuando la notificación se practique en el domicilio del interesado, de no hallarse presente, podrá hacerse cargo de la misma cualquier persona que se encuentre en el domicilio, haga constar su identidad y sea:

a) Mayor de catorce años.
b) Mayor de dieciséis años.
c) Mayor de dieciocho años.
d) Mayor de veintiún años.

41. Cuando la notificación por medios electrónicos sea de carácter obligatorio, se entenderá rechazada cuando:

a) Hayan transcurrido veinte días naturales desde la puesta a disposición de la notificación sin que se acceda a su contenido.
b) Hayan transcurrido diez días naturales desde la puesta a disposición de la notificación sin que se acceda a su contenido.
c) Hayan transcurrido diez días hábiles desde la puesta a disposición de la notificación sin que se acceda a su contenido.
d) Hayan transcurrido veinte días hábiles desde la puesta a disposición de la notificación sin que se acceda a su contenido.

42. Señala la respuesta incorrecta. Los actos administrativos serán objeto de publicación:

a) Cuando así lo establezcan las normas reguladoras de cada procedimiento.
b) Cuando lo aconsejen razones de interés público apreciadas por el órgano competente.

c) Cuando el acto tenga por destinatario a una pluralidad indeterminada de personas.
d) Siempre.

43. La compulsión sobre las personas:

a) Deriva de la propia esencia del acto administrativo.
b) Deriva del principio de ejecutividad de los actos administrativos.
c) Deriva de la posibilidad en manos de la Administración Pública de ejecutar forzosamente algunos actos administrativos.
d) Es similar al lanzamiento administrativo.

44. Entre los medios de ejecución forzosa no se encuentra el/la:

a) Desahucio administrativo.
b) Ejecución subsidiaria.
c) Multa coercitiva.
d) Compulsión sobre la persona.

45. La regla general cuando un acto infringe el ordenamiento jurídico es:

a) Su anulabilidad.
b) Su validez temporal.
c) Su nulidad relativa.
d) Las respuestas a) y c) son correctas.

46. Los efectos de una declaración de nulidad absoluta se producen desde:

a) Que se notifica el acto anulatorio.
b) El momento de la declaración de la nulidad.
c) La notificación o publicación del acto anulatorio, según los casos.
d) Que se dictó el acto anulado.

47. ¿Cuándo podrá la Administración Pública convalidar un acto administrativo?

a) Cuando el vicio consiste en incompetencia jerárquica.
b) Cuando el vicio consiste en incompetencia funcional.
c) Cuando el vicio consiste en incompetencia territorial.
d) En ninguno de los anteriores casos.

48. La presunción de legitimidad de los actos administrativos:

a) No admite prueba en contrario.
b) Dependerá de lo que el propio acto establezca.
c) Puede ser objeto de impugnación por el particular.
d) Solo se da cuando la ley expresamente lo diga.

49. Los supuestos de nulidad absoluta de actos administrativos:

a) Son la regla general en nuestro Derecho.
b) Son los recogidos en el artículo 47 de la Ley 39/2015, de 1 de octubre, del Procedimiento Administrativo Común de las Administraciones Públicas, exclusivamente.
c) Pueden establecerse expresamente por una disposición con rango de ley.
d) Son solo los del artículo 47 citado y de otras leyes formales.

50. Los defectos formales en un acto, según reconoce expresamente la ley:

a) Lo vician con nulidad absoluta.
b) Lo vician con anulabilidad en todo caso.
c) Pueden dar lugar a la nulidad absoluta si producen indefensión.
d) Pueden dar lugar a la anulabilidad si producen indefensión.

51. La Administración Pública podrá convalidar un acto:

a) Si el vicio consiste en incompetencia jerárquica.
b) Si el vicio consiste en incompetencia funcional.
c) Si el vicio consiste en incompetencia territorial.
d) En ninguno de los anteriores casos.

52. La Administración Pública no podrá convalidar un acto si el vicio consiste en:

a) Incompetencia jerárquica.
b) La falta de una autorización.
c) Incompetencia funcional.
d) La omisión de un informe facultativo.

53. Cuando el acto administrativo presenta un vicio que no le hace incurrir en nulidad absoluta ni en anulabilidad, se considera:

a) Irregular.
b) Defectuoso.
c) Inválido.
d) Viciado.

54. La conversión se aplica a los actos:

a) Nulos.
b) Nulos de pleno derecho.
c) Anulables.
d) No cabe la conversión de actos administrativos.

55. Señala qué recurso cabe contra el acuerdo de acumulación de procedimientos administrativos:

a) Recurso de alzada.
b) Recurso extraordinario de revisión.
c) Recurso de reposición, en el plazo de un mes.
d) Ninguno de los recursos anteriores.

56. ¿Cuándo se iniciarán de oficio los procedimientos?

a) Por denuncia.
b) Por acuerdo del órgano competente.
c) Por propia iniciativa.
d) Todas las respuestas son correctas.

57. Señala la respuesta incorrecta respecto al inicio del procedimiento por denuncia:

a) Las denuncias deberán expresar la identidad de la persona o personas que las presentan y el relato de los hechos que se ponen en conocimiento de la Administración.
b) La presentación de una denuncia confiere, por sí sola, la condición de interesado en el procedimiento.
c) Cuando la denuncia invocara un perjuicio en el patrimonio de las Administraciones Públicas la no iniciación del procedimiento deberá ser motivada y se notificará a los denunciantes la decisión de si se ha iniciado o no el procedimiento.
d) Se entiende por denuncia el acto por el que cualquier persona, en cumplimiento o no de una obligación legal, pone en conocimiento de un órgano administrativo la existencia de un determinado hecho que pudiera justificar la iniciación de oficio de un procedimiento administrativo.

58. ¿En qué caso se podrá imponer una sanción sin que se haya tramitado el oportuno procedimiento?

a) En casos de urgente necesidad.
b) En situaciones excepcionales, como por ejemplo, situaciones de crisis sanitarias o epidemias.
c) Las respuestas a) y b) son correctas.
d) En ningún caso.

59. ¿Cuál de los siguientes datos no es necesario que figure en las solicitudes de iniciación del procedimiento por parte de los interesados?

a) Número de teléfono.
b) Hechos, razones y petición en que se concrete, con toda claridad, la solicitud.
c) Órgano, centro o unidad administrativa a la que se dirige y su correspondiente código de identificación.
d) Firma del solicitante o acreditación de la autenticidad de su voluntad expresada por cualquier medio.

60. Los documentos que los interesados dirijan a los órganos de las Administraciones Públicas podrán presentarse:

a) En las oficinas de Correos, en la forma que reglamentariamente se establezca.
b) En el registro electrónico de la Administración u Organismo al que se dirijan.
c) En las representaciones diplomáticas u oficinas consulares de España en el extranjero.
d) Todas las respuestas son correctas.

61. Los interesados solo podrán solicitar el inicio de un procedimiento de responsabilidad patrimonial, cuando no haya prescrito su derecho a reclamar. El derecho a reclamar prescribirá:

a) Al año de producido el hecho o el acto que motive la indemnización o se manifieste su efecto lesivo.
b) A los dos años de producido el hecho o el acto que motive la indemnización o se manifieste su efecto lesivo.
c) A los cinco años de producido el hecho o el acto que motive la indemnización o se manifieste su efecto lesivo.
d) Este derecho no prescribe.

62. ¿De acuerdo con qué principio se acordarán en un solo acto todos los trámites que, por su naturaleza, admitan un impulso simultáneo y no sea obligado su cumplimiento sucesivo?

a) Con el principio de oficialidad.
b) Con el principio de eficacia.
c) Con el principio de simplificación administrativa.
d) Con el principio de rapidez administrativa.

63. Salvo en el caso de que en la norma correspondiente se fije plazo distinto, los trámites que deban ser cumplimentados por los interesados deberán realizarse en el plazo de:

a) Siete días a partir del siguiente al de la notificación del correspondiente acto.
b) Diez días a partir del siguiente al de la notificación del correspondiente acto.
c) Quince días a partir del siguiente al de la notificación del correspondiente acto.
d) Un mes a partir del siguiente al de la notificación del correspondiente acto.

64. En cualquier momento del procedimiento, cuando la Administración considere que alguno de los actos de los interesados no reúne los requisitos necesarios, lo pondrá en conocimiento de su autor, concediéndole un plazo para cumplimentarlo:

a) De cinco días.
b) De siete días.
c) De diez días.
d) De veinte días.

65. Cuando la Administración no tenga por ciertos los hechos alegados por los interesados o la naturaleza del procedimiento lo exija, el instructor del mismo acordará la apertura de un período de prueba, a fin de que puedan practicarse cuantas juzgue pertinentes, por un plazo:

a) No superior a treinta días ni inferior a diez.
b) No superior a treinta días ni inferior a quince.
c) No superior a veinte días ni inferlor a dlez.
d) No superior a veinte días ni inferior a cinco.

66. Salvo disposición expresa en contrario, los informes serán:

a) Vinculantes.
b) Vinculantes y facultativos.
c) Facultativos y no vinculantes.
d) Nunca facultativos.

67. En el caso de los procedimientos de responsabilidad patrimonial será preceptivo solicitar informe al servicio cuyo funcionamiento haya ocasionado la presunta lesión indemnizable, no pudiendo exceder el plazo de su emisión de:

a) Diez días.
b) Quince días.
c) Veinte días.
d) Un mes.

68. ¿Cómo se denomina el conjunto ordenado de documentos y actuaciones que sirven de antecedente y fundamento a la resolución administrativa, así como las diligencias encaminadas a ejecutarla?

a) Dosier administrativo.
b) Acto administrativo.
c) Expediente administrativo.
d) Procedimiento administrativo.

69. Con arreglo al artículo 74 LPACAP, las cuestiones incidentales que se susciten en el procedimiento, incluso las que se refieran a la nulidad de actuaciones:

a) Suspenderán la tramitación del procedimiento.
b) No suspenderán la tramitación del procedimiento, salvo la recusación.
c) No suspenderán la tramitación del procedimiento en ningún caso.
d) Siempre que lo estime oportuno el instructor del procedimiento, y así lo motive suficientemente, suspenderá la tramitación del procedimiento.

70. ¿Cuándo podrán los interesados aducir alegaciones y aportar documentos u otros elementos de juicio?

a) En cualquier momento.
b) En cualquier momento del procedimiento posterior al trámite de audiencia.
c) En cualquier momento del procedimiento anterior al trámite de audiencia.
d) Únicamente cuando lo autorice el instructor del procedimiento.

71. Señala la respuesta incorrecta respecto a los medios y período de prueba:

a) El instructor del procedimiento solo podrá rechazar las pruebas propuestas por los interesados cuando sean manifiestamente improcedentes o innecesarias, sin necesidad de resolución motivada.
b) En los procedimientos de carácter sancionador, los hechos declarados probados por resoluciones judiciales penales firmes vincularán a las Administraciones Públicas respecto de los procedimientos sancionadores que substancien.
c) Cuando la prueba consista en la emisión de un informe de un órgano administrativo, organismo público o Entidad de derecho público, se entenderá que este tiene carácter preceptivo.
d) Cuando la valoración de las pruebas practicadas pueda constituir el fundamento básico de la decisión que se adopte en el procedimiento, por ser pieza imprescindible para la correcta evaluación de los hechos, deberá incluirse en la propuesta de resolución.

72. Cuando lo considere necesario, el instructor, a petición de los interesados, podrá decidir la apertura de un período extraordinario de prueba por un plazo:

a) No superior a diez días.
b) No superior a quince días.
c) No superior a veinte días.
d) No superior a un mes.

73. Salvo que una disposición o el cumplimiento del resto de los plazos del procedimiento permita o exija otro plazo mayor o menor, los informes serán emitidos en el plazo de:

a) Diez días.
b) Quince días.
c) Veinte días.
d) Un mes.

74. ¿De qué plazo disponen los interesados para alegar y presentar los documentos y justificaciones que estimen pertinentes?

a) De un plazo no inferior a cinco días ni superior a diez.
b) De un plazo no inferior a diez días ni superior a quince.
c) De un plazo no inferior a diez días ni superior a veinte.
d) De un plazo no inferior a diez días ni superior a un mes.

75. ¿En qué plazo deberán practicarse las actuaciones complementarias?

a) En un plazo no superior a siete días.
b) En un plazo no superior a diez días.
c) En un plazo no superior a quince días.
d) En un plazo no superior a un mes.

76. ¿Transcurrido qué plazo desde que se inició el procedimiento sin que haya recaído y se notifique resolución expresa o, en su caso, se haya formalizado el acuerdo, podrá entenderse que la resolución es contraria a la indemnización del particular?

a) Transcurrido un mes.
b) Transcurridos tres meses.
c) Transcurridos seis meses.
d) Transcurrido un año.

77. A tenor del artículo 92 LPACAP, en el ámbito de la Administración General del Estado, los procedimientos de responsabilidad patrimonial se resolverán por:

a) El Ministro respectivo.
b) El Presidente del Gobierno.
c) El Consejo de Ministros.
d) Las respuestas a) y c) son correctas.

78. Señala la respuesta incorrecta respecto al desistimiento y renuncia por los interesados:

a) Si el escrito de iniciación se hubiera formulado por dos o más interesados, el desistimiento o la renuncia afectará a todos los que la hubiesen formulado.
b) Todo interesado podrá desistir de su solicitud o, cuando ello no esté prohibido por el ordenamiento jurídico, renunciar a sus derechos.
c) Si la cuestión suscitada por la incoación del procedimiento entrañase interés general o fuera conveniente sustanciarla para su definición y esclarecimiento, la Administración podrá limitar los efectos del desistimiento o la renuncia al interesado y seguirá el procedimiento.
d) Tanto el desistimiento como la renuncia podrán hacerse por cualquier medio que permita su constancia, siempre que incorpore las firmas que correspondan de acuerdo con lo previsto en la normativa aplicable.

79. La Administración aceptará de plano el desistimiento o la renuncia, y declarará concluso el procedimiento salvo que, habiéndose personado en el mismo terceros interesados, instasen estos su continuación en el plazo de:

a) Un mes desde que fueron notificados del desistimiento o renuncia.
b) Veinte días desde que fueron notificados del desistimiento o renuncia.

c) Quince días desde que fueron notificados del desistimiento o renuncia.
d) Diez días desde que fueron notificados del desistimiento o renuncia.

80. El recurso de alzada contra actos que no agotan la vía administrativa es:

a) Extraordinario.
b) La regla general.
c) Especial.
d) Inexistente.

81. El recurso de alzada se presentará:

a) Ante el superior jerárquico del órgano que dictó el acto.
b) Ante el Tribunal contencioso competente.
c) Ante el órgano que dictó el acto.
d) Indistintamente, ante el órgano que dictó el acto o el superior jerárquico que deba decidirlo.

82. El recurso extraordinario de revisión por manifiesto error de hecho, que resulte de los propios documentos incorporados al expediente, debe plantearse:

a) A los tres meses desde que se produjo.
b) A los cuatro años desde que se conoció.
c) Dentro de los cuatro años desde la notificación del acto.
d) No puede darse nunca aisladamente.

83. La _reformatio in peius_, en materia de recursos:

a) Se admite como regla general.
b) Solo se permite en materia sancionadora.
c) Se admite cuando el recurso está claramente infundado.
d) Está expresamente prohibida.

84. Cuando hayan de tenerse en cuenta nuevos hechos o documentos no recogidos en el expediente originario, se pondrán de manifiesto a los interesados para que formulen las alegaciones que estimen procedentes, en un plazo:

a) No inferior a diez días ni superior a quince.
b) De veinte días.
c) No inferior a cinco días ni superior a veinte.
d) De treinta días.

85. ¿Contra qué actos se interpone el recurso extraordinario de revisión?

a) Contra cualquier acto administrativo.
b) Contra los actos que no agotan la vía administrativa.

c) Contra los actos que agotan la vía administrativa.
d) Contra los actos firmes exclusivamente.

86. La resolución de un recurso:

a) Debe circunscribirse a lo solicitado por el recurrente.
b) Resolverá cuantas cuestiones se deduzcan del expediente.
c) No es necesario que se motive.
d) Debe aceptar las razones en que se fundamente el propio recurso.

87. ¿Cuándo se dará la terminación presunta del recurso extraordinario de revisión?

a) A los tres meses de su interposición.
b) Al mes de su interposición.
c) Únicamente en el supuesto de que se base en manifiesto error de derecho.
d) No cabe.

88. Si el acto fuera expreso, el plazo para la interposición del recurso de reposición será de:

a) Tres meses.
b) Diez días.
c) Quince días.
d) Un mes.

89. El recurso de reposición contra actos que no agotan la vía administrativa es:

a) Ordinario.
b) Extraordinario.
c) Especial.
d) Inexistente.

90. El recurso de alzada se presentará:

a) Ante el superior jerárquico del órgano que dictó el acto.
b) Ante el Tribunal contencioso competente.
c) Ante el órgano que dictó el acto.
d) Indistintamente, ante el órgano que dictó el acto o el superior jerárquico que deba decidirlo.

91. La resolución presunta del recurso de alzada se dará, si no recae resolución, al/a los:

a) Quince días de interponerlo.
b) Mes de su interposición.

c) Tres meses de su interposición.

d) En cualquier momento a partir del día siguiente a aquel en que, de acuerdo con su normativa específica, se produzcan los efectos del silencio administrativo.

92. El silencio administrativo en el recurso de alzada puede ser positivo en el siguiente caso:

a) Cuando el recurso se presentó contra un acto presunto desestimatorio de la solicitud del ciudadano.

b) Cuando perjudique al ciudadano.

c) Siempre que beneficie al interés público.

d) En ningún supuesto es positivo.

93. El recurso extraordinario de revisión por manifiesto error de hecho debe plantearse:

a) A los tres meses desde que se produjo.

b) A los cuatro años desde que se conoció.

c) Dentro de los cuatro años desde la notificación del acto.

d) No puede darse nunca aisladamente.

94. Se han reinstaurado las reclamaciones económico-administrativas, como recurso administrativo propio, en los/las:

a) Corporaciones Locales en general.

b) Municipios de régimen común.

c) Municipios de gran población.

d) Diputaciones Provinciales cuando gestionen los tributos de los Municipios de la Provincia.

95. Para plantear un recurso administrativo:

a) Hay que tener capacidad jurídica, sin requerirse la capacidad de obrar.

b) Basta con la capacidad de obrar.

c) Se requiere, siempre, ser titular de un derecho subjetivo afectado por el acto que se recurre.

d) Puede hacerlo quien ostente la condición de interesado.

Solución al test n.º 5

1. b) El apoderamiento *apud acta*, presencial o electrónico.

2. d) No requerir documentos ya aportados por los interesados, elaborados por las Administraciones Públicas o documentos originales.

3. b) Depende de los casos.

4. d) Diez días, o de un plazo superior cuando las circunstancias del caso así lo requieran.

5. b) Cinco años a contar desde la fecha de inscripción.

6. b) Cuando en una solicitud, escrito o comunicación figuren varios interesados, las actuaciones a que den lugar se efectuarán con el representante o el interesado que expresamente hayan señalado, y, en su defecto, con cualquiera de los demás.

7. b) Capacidad de obrar.

8. b) Adquirir derechos.

9. c) Se comunicará a dichas personas la tramitación del procedimiento cuando este no haya tenido publicidad.

10. a) Identificar a las autoridades y al personal al servicio de las Administraciones Públicas bajo cuya responsabilidad se tramiten los procedimientos.

11. d) A los interesados no incluidos en los apartados 2 y 3 del artículo 14 de la Ley 39/2015, de 1 de octubre, que así lo soliciten, especialmente en lo referente a la identificación y firma electrónica, presentación de solicitudes a través del registro electrónico general y obtención de copias auténticas.

12. d) Será necesario que el interesado que carezca de los medios electrónicos necesarios se identifique ante el funcionario y preste su consentimiento expreso para esta actuación, de lo que deberá quedar constancia para los casos de discrepancia o litigio.

13. d) Todas las respuestas son correctas.

14. d) Un Punto de Acceso General electrónico de la Administración.

15. b) Por escrito, a través de medios electrónicos.

16. c) Los documentos que se publiquen con carácter meramente informativo.

17. d) En cualquier momento.

18. c) Quince días a contar desde la recepción de la solicitud en el registro electrónico de la Administración u Organismo competente.

19. d) Todas las respuestas son correctas.

20. a) La comparecencia de las personas ante las oficinas públicas, ya sea presencialmente o por medios electrónicos, solo será obligatoria cuando así esté previsto mediante Reglamento.

21. b) En los procedimientos tramitados por las Administraciones de las Comunidades Autónomas y de las Entidades Locales, el uso de la lengua se ajustará a lo previsto en la legislación nacional.

22. a) Solo los interesados en él.

23. c) Cualquiera de las dos anteriores, a su opción.

24. a) Tienen el deber de proporcionárselos a la Administración actuante.

25. d) Seis meses.

26. d) Todas las respuestas son correctas.

27. d) Ningún recurso.

28. d) Cuando un día fuese hábil en el municipio o Comunidad Autónoma en que residiese el interesado, e inhábil en la sede del órgano administrativo, o a la inversa, se considerará inhábil en todo caso.

29. d) La declaración de un día como hábil o inhábil a efectos de cómputo de plazos determina por sí sola el funcionamiento de los centros de trabajo de las Administraciones Públicas, la organización del tiempo de trabajo así como el régimen de jornada y horarios de las mismas.

30. d) Todos los días del año durante las veinticuatro horas.

31. d) En ningún caso.

32. c) Las respuestas a) y b) son correctas.

33. d) Todas las respuestas son correctas.

34. d) Las respuestas a) y c) son correctas.

35. b) Posible y lícito.

36. d) Cuando la ley lo prescriba.

37. d) Todos los anteriores deben motivarse.

38. c) Los motivos en que se basa la decisión.

39. d) No se lesionen derechos de otras personas.

40. a) Mayor de catorce años.

41. b) Hayan transcurrido diez días naturales desde la puesta a disposición de la notificación sin que se acceda a su contenido.

42. d) Siempre.

43. c) Deriva de la posibilidad en manos de la Administración Pública de ejecutar forzosamente algunos actos administrativos.

44. a) Desahucio administrativo.

45. d) Las respuestas a) y c) son correctas.

46. d) Que se dictó el acto anulado.

47. a) Cuando el vicio consiste en incompetencia jerárquica.

48. c) Puede ser objeto de impugnación por el particular.

49. c) Pueden establecerse expresamente por una disposición con rango de ley.

50. d) Pueden dar lugar a la anulabilidad si producen indefensión.

51. a) Si el vicio consiste en incompetencia jerárquica.

52. c) Incompetencia funcional.

53. a) Irregular.

54. c) Anulables.

55. d) Ninguno de los recursos anteriores.

56. d) Todas las respuestas son correctas.

57. b) La presentación de una denuncia confiere, por sí sola, la condición de interesado en el procedimiento.

58. d) En ningún caso.

59. a) Número de teléfono.

60. d) Todas las respuestas son correctas.

61. a) Al año de producido el hecho o el acto que motive la indemnización o se manifieste su efecto lesivo.

62. c) Con el principio de simplificación administrativa.

63. b) Diez días a partir del siguiente al de la notificación del correspondiente acto.

64. c) De diez días.

65. a) No superior a treinta días ni inferior a diez.

66. c) Facultativos y no vinculantes.

67. a) Diez días.

68. c) Expediente administrativo.

69. b) No suspenderán la tramitación del procedimiento, salvo la recusación.

70. c) En cualquier momento del procedimiento anterior al trámite de audiencia.

71. a) El instructor del procedimiento solo podrá rechazar las pruebas propuestas por los interesados cuando sean manifiestamente improcedentes o innecesarias, sin necesidad de resolución motivada.

72. a) No superior a diez días.

73. a) Diez días.

74. b) De un plazo no inferior a diez días ni superior a quince.

75. c) En un plazo no superior a quince días.

76. c) Transcurridos seis meses.

77. d) Las respuestas a) y c) son correctas.

78. a) Si el escrito de iniciación se hubiera formulado por dos o más interesados, el desistimiento o la renuncia afectará a todos los que la hubiesen formulado.

79. d) Diez días desde que fueron notificados del desistimiento o renuncia.

80. b) La regla general.

81. d) Indistintamente, ante el órgano que dictó el acto o el superior jerárquico que deba decidirlo.

82. c) Dentro de los cuatro años desde la notificación del acto.

83. d) Está expresamente prohibida.

84. a) No inferior a diez días ni superior a quince.

85. d) Contra los actos firmes exclusivamente.

86. b) Resolverá cuantas cuestiones se deduzcan del expediente.

87. a) A los tres meses de su interposición.

88. d) Un mes.

89. d) Inexistente.

90. d) Indistintamente, ante el órgano que dictó el acto o el superior jerárquico que deba decidirlo.

91. c) Tres meses de su interposición.

92. a) Cuando el recurso se presentó contra un acto presunto desestimatorio de la solicitud del ciudadano.

93. c) Dentro de los cuatro años desde la notificación del acto.

94. c) Municipios de gran población.

95. d) Puede hacerlo quien ostente la condición de interesado.

TEST N.º 6

Clasificación del personal al servicio de la Administración Local. Derechos y deberes del personal al servicio de la Administración Local. Situaciones administrativas. Régimen disciplinario. El convenio colectivo y acuerdo regulador de funcionarios del Ayuntamiento de Zamora

1. ¿A qué dos principios ha de atender la designación del personal directivo profesional de las Administraciones Públicas?

a) Publicidad y concurrencia.
b) Legalidad e igualdad.
c) Capacidad y mérito.
d) Idoneidad y transparencia.

2. Indica una de las notas características de los funcionarios de carrera:

a) Desempeño de servicios de carácter permanente.
b) Nombramiento legal, hecho por Autoridad competente.
c) Los puestos de trabajo que desempeñan han de figurar en la Plantilla orgánica y en el Registro de Personal.
d) Todas las respuestas son correctas.

3. ¿Cómo se denomina al personal que, en virtud de nombramiento y con carácter no permanente, solo realiza funciones expresamente calificadas como de confianza o asesoramiento especial, siendo retribuido con cargo a los créditos presupuestarios consignados para este fin?

a) Personal Laboral.
b) Personal Eventual.
c) Funcionarios interinos.
d) Funcionarios de carrera.

4. Señala la respuesta incorrecta respecto al personal eventual:

a) Su nombramiento y cese serán libres.

b) La condición de personal eventual podrá constituir mérito para el acceso a la Función Pública.

c) Su cese tendrá lugar, en todo caso, cuando se produzca el de la autoridad a la que se preste la función de confianza o asesoramiento.

d) Le será aplicable, en lo que sea adecuado a la naturaleza de su condición, el régimen general de los funcionarios de carrera.

5. Señala la respuesta incorrecta respecto al régimen jurídico del personal laboral:

a) La Jurisdicción competente en esta materia es la Contencioso-Administrativa.

b) Dentro de este personal, por razón de la fijeza de su vinculación a la Entidad de que se trate, se distingue entre los contratados indefinidamente y los contratados temporalmente.

c) La selección de este personal se hará por concurso, concurso-oposición u oposición libre.

d) La contratación de este personal corresponde al Alcalde o al Presidente de la Diputación Provincial, a quien compete, también, la asignación del mismo a los distintos puestos de trabajo de carácter laboral previstos en las Relaciones de Puestos de Trabajo aprobadas por la Corporación, de acuerdo con la legislación laboral.

6. Los Ayuntamientos de Municipios con población superior a 50.000 y no superior a 75.000 habitantes podrán incluir en sus plantillas puestos de trabajo de personal eventual por un número que no podrá exceder de:

a) Uno.

b) Dos.

c) Siete.

d) La mitad de concejales de la Corporación local.

7. ¿Con qué frecuencia publicarán las Corporaciones locales en su sede electrónica y en el Boletín Oficial de la Provincia o, en su caso, de la Comunidad Autónoma uniprovincial el número de los puestos de trabajo reservados a personal eventual?

a) Cada cinco años.

b) Cada dos años.

c) Anualmente.

d) Semestralmente.

8. No se rigen por el Derecho Administrativo el/los:

a) Funcionarios.

b) Laborales.

c) Personal Eventual.
d) Interinos.

9. Los puestos de confianza o asesoramiento especial se suelen reservar al/a los:

a) Políticos.
b) Personal Eventual.
c) Personal Laboral.
d) Funcionarios.

10. Los interinos ocupan provisionalmente puestos que pueden ser desempe-ñados por:

a) Contratados temporales.
b) Personal eventual.
c) Funcionarios.
d) Personal Laboral.

11. El Texto Refundido de la Ley del Estatuto Básico del Empleado Público se aprobó por:

a) Real Decreto Legislativo 12/2007, de 13 de marzo.
b) Real Decreto Legislativo 5/2012, de 13 de mayo.
c) Real Decreto Legislativo 5/2015, de 30 de octubre.
d) Real Decreto Legislativo 3/2015, de 14 de abril.

12. El número de Personal Eventual que haya de existir en un Municipio de régimen común se fija por el/la:

a) Pleno.
b) Alcalde o Presidente.
c) Comunidad Autónoma respectiva.
d) Junta de Gobierno Local.

13. Respecto del Personal Eventual, ha de publicarse en el Boletín Oficial de la Provincia:

a) Las sanciones que se le impongan.
b) El nombramiento y cese.
c) La concesión de menciones honoríficas.
d) Ninguna de las respuestas anteriores es correcta.

14. Un Decreto de un Presidente de una Diputación Provincial despidiendo a un laboral al servicio de la misma:

a) Es nulo de pleno derecho al dictarse por órgano manifiestamente incompetente.
b) Basta para que se lleve a cabo dicho despido.

c) Debe ser ratificado por el Pleno de la Corporación.

d) Ha de confirmarse ante el correspondiente Juzgado de lo Social.

15. La no concurrencia con la actividad de la empresa, respecto de este Personal Laboral:

a) Es un derecho del mismo.

b) Significa que pueden trabajar en la esfera privada, haciendo la competencia a la propia Corporación.

c) Le impide desempeñar cualquier tipo de trabajo fuera de la Corporación.

d) Es un deber del mismo, por el cual no puede hacerle la competencia a la Corporación.

16. Según el Estatuto Básico del Empleado Público, ¿de cuánto tiempo disfrutarán los empleados públicos por traslado de domicilio sin cambio de residencia?

a) De dos días.

b) De un día.

c) De dos horas.

d) De un máximo de seis horas.

17. ¿Qué retribución complementaria está destinada a retribuir las condiciones particulares de algunos puestos de trabajo en atención a su especial dificultad técnica, dedicación, incompatibilidad, responsabilidad, peligrosidad o penosidad?

a) El complemento especial.

b) El complemento específico.

c) El complemento de productividad.

d) El complemento extraordinario.

18. ¿A quién corresponde la asignación individual del complemento de productividad en las Corporaciones Locales?

a) Al Alcalde o Presidente.

b) Al Secretario.

c) Al Interventor.

d) Al Pleno.

19. A tenor del artículo 95 TR-LEBEP, el incumplimiento por los funcionarios de las normas sobre incompatibilidades cuando ello dé lugar a una situación de incompatibilidad, podrá ser constitutivo de falta:

a) Muy grave.

b) Grave.

c) Menos grave.

d) Leve.

20. Los funcionarios que ejerciten el derecho de huelga, por el tiempo en que hayan permanecido en la misma, devengarán y percibirán:

a) Solo las retribuciones básicas prorrateadas.
b) Las retribuciones básicas y los trienios.
c) Todas las retribuciones que le corresponderían si no hubieran ejercido ese derecho.
d) No devengarán ni percibirán retribución alguna.

21. ¿Qué complemento está destinado a retribuir el interés e iniciativa con que el funcionario desempeña su puesto de trabajo?

a) El complemento de productividad.
b) El complemento específico.
c) El complemento singular.
d) El complemento de dedicación especial.

22. El juramento o promesa a realizar por los funcionarios se efectúa:

a) Tras la toma de posesión.
b) Antes de ella.
c) En el mismo momento de la toma de posesión.
d) Ante órganos jurisdiccionales.

23. En el juramento o promesa que deben hacer los funcionarios se señala que se ha de cumplir las obligaciones del cargo con lealtad al/a la/a los:

a) Constitución.
b) Corporación.
c) Superiores.
d) Rey.

24. Las cantidades destinadas a financiar aportaciones a planes de pensiones o contratos de seguros tendrán a todos los efectos la consideración de:

a) Retribución básica.
b) Retribución complementaria.
c) Indemnizaciones.
d) Retribución diferida.

25. La observancia de las normas sobre seguridad y salud laboral:

a) Es un principio ético de los empleados públicos.
b) Se ajustará a lo que indiquen los representantes de los trabajadores.
c) Se establece solo para los puestos de trabajo cuyo desempeño suponga riesgos inequívocos.
d) Es obligatoria para todos los empleados públicos.

26. Los trienios se cobran:

a) En igual cuantía dentro de cada Subgrupo o Grupo de clasificación profesional, en el supuesto de que este no tenga Subgrupo.
b) En concepto de retribución complementaria.
c) Solo mensualmente, sin percibirse en las pagas extraordinarias.
d) Ninguna de las respuestas anteriores es correcta.

27. En las pagas extraordinarias se percibe:

a) El sueldo y el complemento de destino solamente.
b) Todas las retribuciones.
c) Las retribuciones básicas en exclusiva.
d) Nada de lo expuesto es correcto.

28. La participación en las multas impuestas por un funcionario, cuando esté normativamente atribuida a los servicios:

a) Está expresamente prohibida.
b) No está sujeta a retención fiscal.
c) Se permite excepcionalmente, con arreglo a dicha normativa.
d) Es la regla general y forma parte de las retribuciones complementarias.

29. Señala la respuesta incorrecta. Las retribuciones complementarias de los funcionarios se establecerán por las correspondientes leyes de cada Administración Pública atendiendo, entre otros, a los siguientes factores:

a) La especial dificultad técnica, responsabilidad, dedicación, incompatibilidad exigible para el desempeño de determinados puestos de trabajo.
b) Los servicios extraordinarios prestados en la jornada normal de trabajo.
c) La progresión alcanzada por el funcionario dentro del sistema de carrera administrativa.
d) El grado de interés, iniciativa o esfuerzo con que el funcionario desempeña su trabajo.

30. ¿En qué situación administrativa se encontrarán los funcionarios de carrera cuando sean designados para formar parte del Consejo General del Poder Judicial?

a) Servicio activo.
b) Servicios especiales.
c) Servicio en otras Administraciones Públicas.
d) Excedencia por interés particular.

31. Los funcionarios de carrera podrán obtener la excedencia voluntaria por interés particular cuando hayan prestado servicios efectivos en cualquiera de las Administraciones Públicas durante un periodo mínimo de:

a) Diez años inmediatamente anteriores.
b) Cinco años inmediatamente anteriores.

c) Tres años inmediatamente anteriores.
d) Dos años inmediatamente anteriores.

32. Señala la respuesta incorrecta respecto de la excedencia de los funcionarios de carrera:

a) La concesión de excedencia voluntaria por interés particular quedará subordinada a las necesidades del servicio debidamente motivadas.
b) Quienes se encuentren en situación de excedencia voluntaria por agrupación familiar no devengarán retribuciones, ni les será computable el tiempo que permanezcan en tal situación a efectos de ascensos, trienios y derechos en el régimen de Seguridad Social que les sea de aplicación.
c) Los funcionarios de carrera tendrán derecho a un período de excedencia de duración no superior a tres años para atender al cuidado de cada hijo, tanto cuando lo sea por naturaleza como por adopción.
d) Las funcionarias víctimas de violencia de género o de violencia sexual durante los tres primeros meses tendrán derecho a la reserva del puesto de trabajo que desempeñaran, siendo computable dicho período a efectos de antigüedad, carrera y derechos del régimen de Seguridad Social que sea de aplicación.

33. ¿Durante cuánto tiempo se le reservará el puesto de trabajo a los funcionarios de carrera en excedencia por cuidado de familiares?

a) Como máximo cinco años.
b) Al menos, durante tres años.
c) Al menos, durante dos años.
d) Un año, en todo caso.

34. Cuando un funcionario haya sido declarado en la situación de suspensión, dicha situación determinará la pérdida del puesto de trabajo cuando la suspensión exceda de:

a) Seis meses.
b) Tres meses.
c) Cinco meses.
d) Dos meses.

35. A quienes se encuentren en situación de excedencia por interés particular:

a) Les será computable el tiempo que permanezcan en tal situación a efectos de ascensos.
b) Les será computable el tiempo que permanezcan en tal situación a efectos de trienios y derechos en el régimen de Seguridad Social que les sea de aplicación.
c) No devengarán retribuciones.
d) Todas las respuestas son correctas.

36. Señala la respuesta correcta respecto a la situación de servicios especiales:

a) A los funcionarios en situación de servicios especiales no se les computará el tiempo que permanezcan en esta situación a los efectos de ascensos, trienios o derechos pasivos.
b) Tendrán derecho a la reserva de plaza y destino.
c) Tendrán preferencia para el reingreso en el servicio activo.
d) Todas las respuestas son correctas.

37. El abandono del servicio da lugar a:

a) Sanción pecuniaria.
b) Falta muy grave.
c) Falta grave.
d) Falta leve.

38. Por su parte, el acoso laboral se tipifica como:

a) Falta muy grave.
b) Falta grave.
c) Falta leve.
d) No está tipificada.

39. El descrédito para la imagen pública de la Administración Pública es una circunstancia que debe ser atendida para determinar las faltas:

a) Muy graves.
b) Graves.
c) Leves.
d) Las respuestas b) y c) son correctas.

40. La responsabilidad de los funcionarios que induzcan a otros a cometer una falta:

a) Es similar a la exigible a estos.
b) Se minora en un grado.
c) Se castiga con una sanción superior en grado.
d) Es inexistente.

41. La suspensión firme de funciones no puede ser superior a:

a) Tres meses.
b) Tres años.
c) Un año.
d) Seis años.

42. En el caso de separación del servicio de un funcionario interino:

a) Podrá ser rehabilitado en el futuro.
b) No es necesaria la motivación del acto.
c) Permanece en activo hasta que se cubra la vacante que venía desempeñando.
d) Se revoca su nombramiento.

43. La prescripción de las faltas graves se produce a los:

a) Seis meses.
b) Dos meses.
c) Seis años.
d) Dos años.

44. La separación del servicio en un Municipio de gran población se acuerda por el/la:

a) Sindicato mayoritario.
b) Presidente de la Corporación.
c) Pleno de la Corporación.
d) Junta de Gobierno Local.

45. En la corrección de una falta leve, un trámite inexcusable es:

a) La previa audiencia al inculpado.
b) Incoar diligencias preliminares.
c) Incoar expediente disciplinario ordinario.
d) Ninguno de los anteriores.

46. Conforme al Convenio Colectivo del Personal Laboral del Ayuntamiento de Zamora, los trabajadores tendrán derecho a disfrutar, por asuntos propios:

a) 4 días laborales.
b) 5 días laborales.
c) 6 días laborales.
d) 8 días laborales.

47. Según el Convenio Colectivo, los miembros del Comité de Empresa y los Delegados Sindicales dispondrán a lo largo del año para la realización de asambleas dentro de las horas de trabajo en el centro de trabajo:

a) 30 horas.
b) 40 horas.
c) 50 horas.
d) 60 horas.

48. Según el Acuerdo Regulador de las Condiciones de Trabajo del Personal Funcionario al servicio del Ayuntamiento de Zamora, la Comisión Paritaria para la interpretación y vigilancia del cumplimiento del Acuerdo estará formada por:

a) 6 miembros.
b) 12 miembros.
c) 15 miembros.
d) 16 miembros.

49. Según el Acuerdo Regulador, cada trabajador municipal dispondrá para descanso con carácter general, sin perjuicio de lo que se establezca en los horarios específicos:

a) 15 minutos diarios.
b) 20 minutos diarios.
c) 30 minutos diarios.
d) 40 minutos diarios.

50. Según el Acuerdo Regulador, cuando familiares del trabajador hasta 2º grado de consanguinidad o afinidad (padres, padres políticos, hermanos, hermanos políticos, hijos, nietos o abuelos) contraigan matrimonio, siendo la celebración en distinto municipio, el trabajador tendrá derecho a una licencia, coincidiendo o incluyendo respectivamente el día de la boda, de:

a) Un día laborable.
b) Dos días laborables.
c) Tres días laborables.
d) No existe este permiso en el Acuerdo Regulador.

Solución al test n.º 6

1. c) Capacidad y mérito.

2. d) Todas las respuestas son correctas.

3. b) Personal Eventual.

4. b) La condición de personal eventual podrá constituir mérito para el acceso a la Función Pública.

5. a) La Jurisdicción competente en esta materia es la Contencioso-Administrativa.

6. d) La mitad de concejales de la Corporación local.

7. d) Semestralmente.

8. b) Laborales.

9. b) Personal Eventual.

10. c) Funcionarios.

11. c) Real Decreto Legislativo 5/2015, de 30 de octubre.

12. a) Pleno.

13. d) Ninguna de las respuestas anteriores es correcta.

14. b) Basta para que se lleve a cabo dicho despido.

15. d) Es un deber del mismo, por el cual no puede hacerle la competencia a la Corporación.

16. b) De un día.

17. b) El complemento específico.

18. a) Al Alcalde o Presidente.

19. a) Muy grave.

20. d) No devengarán ni percibirán retribución alguna.

21. a) El complemento de productividad.

22. c) En el mismo momento de la toma de posesión.

23. d) Rey.

24. d) Retribución diferida.

25. d) Es obligatoria para todos los empleados públicos.

26. a) En igual cuantía dentro de cada Subgrupo o Grupo de clasificación profesional, en el supuesto de que este no tenga Subgrupo.

27. d) Nada de lo expuesto es correcto.

28. a) Está expresamente prohibida.

29. b) Los servicios extraordinarios prestados en la jornada normal de trabajo.

30. b) Servicios especiales.

31. b) Cinco años inmediatamente anteriores.

32. d) Las funcionarias víctimas de violencia de género durante los tres primeros meses tendrán derecho a la reserva del puesto de trabajo que desempeñaran, siendo computable dicho período a efectos de antigüedad, carrera y derechos del régimen de Seguridad Social que sea de aplicación.

33. c) Al menos, durante dos años.

34. a) Seis meses.

35. c) No devengarán retribuciones.

36. b) Tendrán derecho a la reserva de plaza y destino.

37. b) Falta muy grave.

38. a) Falta muy grave.

39. d) Las respuestas b) y c) son correctas.

40. a) Es similar a la exigible a estos.

41. d) Seis años.

42. d) Se revoca su nombramiento.

43. d) Dos años.

44. d) Junta de Gobierno Local.

45. a) La previa audiencia al inculpado.

46. d) 8 días laborables.

47. c) 50 horas.

48. a) 6 miembros.

49. c) 30 minutos diarios.

50. c) Tres días laborables.

Igualdad efectiva de mujeres y hombres. El principio de igualdad y la tutela contra la discriminación. El principio de igualdad en el empleo público. Políticas Públicas para la igualdad. El derecho al trabajo en igualdad de oportunidades. Plan de igualdad del Ayuntamiento de Zamora

1. Según el artículo 9.2. de la Constitución, "corresponde a los poderes públicos .... las condiciones para que la libertad y la igualdad del individuo y de los grupos en que se integra sean reales y efectivas; .... los obstáculos que impidan o dificulten su plenitud y .... la participación de todos los ciudadanos en la vida política, económica, cultural y social.". ¿Qué tres verbos faltan en la anterior frase?

a) Promover, remover y facilitar.
b) Impulsar, superar y posibilitar.
c) Crear, eliminar y alentar.
d) Facilitar, disminuir y promover.

2. ¿Qué título de la LO 3/2007, de 22 de marzo, para la igualdad efectiva de mujeres y hombres, trata sobre el principio de igualdad en el empleo público?

a) Título II.
b) Título IV.
c) Título V.
d) Título VI.

3. Según su artículo 1, la LO 3/2007 tiene por objeto hacer efectivo el derecho de:

a) Conciliación de la vida laboral y familiar de mujeres y hombres.
b) Igualdad de trato y de oportunidades entre mujeres y hombres.
c) Participación en los asuntos públicos en igualdad de condiciones.
d) No discriminación por razón de sexo.

4. Las obligaciones establecidas en la LO 3/2007 son de aplicación:

a) A toda persona, física o jurídica, que se encuentre o actúe en territorio español, cualquiera que fuese su nacionalidad, domicilio o residencia.

b) A todos los ciudadanos españoles, ya sea en territorio español o territorio de cualquier país extranjero.

c) A toda persona, física o jurídica, que se encuentre o actúe en territorio español, con nacionalidad española.

d) A toda persona, física o jurídica, que resida en territorio español, cualquiera que fuese su nacionalidad.

5. La LO 3/2007 entró en vigor el 24 de marzo de 2007, con una excepción que entró en vigor el 31 de diciembre de 2008:

a) Lo previsto en el artículo 19 sobre la obligatoriedad de los proyectos de disposiciones de carácter general de incorporar un informe sobre su impacto por razón de género.

b) Lo previsto en el artículo 44.3., referente al reconocimiento a los padres del derecho a un permiso y una prestación por paternidad.

c) Lo previsto en el artículo 49, sobre la implantación de planes de igualdad en las pequeñas y medianas empresas.

d) Lo previsto en el artículo 71.2., referente a costes relacionados con el embarazo y el parto en contratos de seguros o servicios financieros.

6. Según el artículo 4 de la LO 3/2007, la igualdad de trato y de oportunidades entre mujeres y hombres:

a) Es un deber de las Administraciones Públicas.

b) Es una fuente formal del Derecho.

c) Es un principio informador del ordenamiento jurídico.

d) Es un objetivo fundamental del procedimiento administrativo.

7. Señala la respuesta incorrecta. Según el artículo 3 de la LO 3/2007, el principio de igualdad de trato entre mujeres y hombres supone la ausencia de toda discriminación, directa o indirecta, por razón de sexo, y especialmente, las derivadas de:

a) La maternidad.

b) La tendencia sexual.

c) La asunción de obligaciones familiares.

d) El estado civil.

8. La situación en que se encuentra una persona que sea, haya sido o pudiera ser tratada, en atención a su sexo, de manera menos favorable que otra en situación comparable, se considera:

a) Discriminación directa.

b) Acoso sexual.

c) Discriminación indirecta.
d) Violencia de género.

9. Cualquier comportamiento realizado en función del sexo de una persona, con el propósito o el efecto de atentar contra su dignidad y de crear un entorno intimidatorio, degradante u ofensivo, constituye:

a) Discriminación directa.
b) Acoso sexual.
c) Acoso por razón de sexo.
d) Discriminación indirecta.

10. Los actos y las cláusulas de los negocios jurídicos que constituyan o causen discriminación por razón de sexo se considerarán:

a) Válidos, pero anulables.
b) Nulos y sin efecto.
c) Ilegales.
d) Nulos, pero con efectos.

11. Con el fin de hacer efectivo el derecho constitucional de la igualdad, los Poderes Públicos adoptarán medidas específicas en favor de las mujeres para corregir situaciones patentes de desigualdad de hecho respecto de los hombres. Tales medidas, que serán aplicables en tanto subsistan dichas situaciones, habrán de ser en relación con el objetivo perseguido en cada caso, razonables y:

a) Justificadas.
b) Autorizadas judicialmente.
c) Transparentes.
d) Proporcionadas.

12. El artículo 14 de la LO 3/2007 señala como uno de los criterios generales de actuación de los Poderes Públicos para el cumplimiento de los fines de esta ley, la participación equilibrada de mujeres y hombres en:

a) Los órganos colegiados de organismos públicos.
b) Los órganos directivos de las empresas de más de 250 trabajadores.
c) Los tribunales de selección y de decisión.
d) Las candidaturas electorales y en la toma de decisiones.

13. Según el artículo 15 de la LO 3/2007, el principio de igualdad de trato y oportunidades entre mujeres y hombres informará la actuación de todos los Poderes Públicos, con carácter:

a) General.
b) Transversal.

c) Integral.
d) Global.

14. El artículo 20 de la LO 3/2007 establece una serie de medidas obligatorias a las que se someterán los estudios y estadísticas que elaboren los poderes públicos. ¿Cuál de las siguientes es una de dichas medidas?

a) Excluir sistemáticamente la variable de sexo en las estadísticas, encuestas y recogida de datos que lleven a cabo.
b) Realizar muestras lo suficientemente amplias para evitar que las diversas variables incluidas puedan ser explotadas y analizadas en función de la variable de sexo.
c) Explotar los datos de que disponen de modo que se puedan conocer las diferentes situaciones, condiciones, aspiraciones y necesidades de mujeres y hombres en los diferentes ámbitos de intervención.
d) Establecer e incluir en las operaciones estadísticas nuevos indicadores que posibiliten un mejor conocimiento de las similitudes en los valores, roles, situaciones, condiciones, aspiraciones y necesidades de mujeres y hombres.

15. Conforme al artículo 21 de la LO 3/2007, la Administración General del Estado y las Administraciones de las Comunidades Autónomas cooperarán para integrar el derecho de igualdad entre mujeres y hombres en el ejercicio de sus respectivas competencias y, en especial, en sus actuaciones de:

a) Supervisión.
b) Planificación.
c) Regulación.
d) Dirección.

16. Conforme al artículo 22 de la LO 3/2007, las corporaciones locales, con el fin de avanzar hacia un reparto equitativo de los tiempos entre mujeres y hombres, podrán establecer:

a) Planes Municipales de Empleo con perspectiva de género.
b) Ordenanzas de regulación del tiempo.
c) Ordenanzas o Edictos de representación equilibrada en los tiempos de la ciudad.
d) Planes Municipales de organización del tiempo de la ciudad.

17. Conforme al artículo 26 de la LO 3/2007, los distintos organismos, agencias, entes y demás estructuras de las Administraciones Públicas que de modo directo o indirecto configuren el sistema de gestión cultural, desarrollarán entre otras actuaciones, adoptar iniciativas destinadas a favorecer la promoción específica de las mujeres en la cultura y a combatir su discriminación estructural y/o:

a) Difusa.
b) Generacional.

c) Ambigua.
d) Encubierta.

18. La Disposición Adicional Primera de la LO 3/2007 determina que se entenderá por composición equilibrada la presencia de mujeres y hombres de forma que, en el conjunto al que se refiera, las personas de cada sexo:

a) No superen el 55 % ni sean menos del 45 %.
b) No superen el 70 % ni sean menos del 30 %.
c) No superen el 60 % ni sean menos del 40 %.
d) No superen el 65 % ni sean menos del 35 %.

19. El Capítulo III del Título V de la LO 3/2007 establece una serie de medidas que han de aplicarse obligatoriamente en la Administración General del Estado y en los organismos públicos vinculados o dependientes de ella, para favorecer la igualdad en el empleo público. Entre ellas figura:

a) Siempre que se apruebe la celebración de convocatorias de pruebas selectivas para el acceso al empleo público, sin excepción, se incluirá un informe de impacto de género.

b) En las bases de los concursos para la provisión de puestos de trabajo se computará, a los efectos de valoración del trabajo desarrollado y de los correspondientes méritos, el tiempo que las personas candidatas hayan permanecido en excedencia, reducción de jornada o permisos relacionados con la maternidad.

c) Cuando el período de vacaciones coincida con una incapacidad temporal derivada del embarazo, parto o lactancia natural, o con el permiso de maternidad, o con su ampliación por lactancia, la empleada pública tendrá derecho a disfrutar las vacaciones en fecha distinta, siempre que no haya terminado el año natural al que correspondan.

d) Preferencia por tiempo indefinido, en la adjudicación de plazas para participar en los cursos de formación a quienes se hayan incorporado al servicio activo procedentes del permiso de maternidad o paternidad, o hayan reingresado desde la situación de excedencia por razones de guarda legal y atención a personas mayores dependientes o personas con discapacidad.

20. Según el artículo 60.2. de la LO 3/2007, con el fin de facilitar la promoción profesional de las empleadas públicas y su acceso a puestos directivos en la Administración General del Estado y en los organismos públicos vinculados o dependientes de ella, en las convocatorias de los correspondientes cursos de formación se reservará para su adjudicación a aquellas que reúnan los requisitos establecidos, al menos:

a) Un 40 % de las plazas.
b) Un 50 % de las plazas.
c) Un 60 % de las plazas.
d) Un 75 % de las plazas.

21. ¿Cuál es una de las medidas propuestas en el III Plan Municipal de Igualdad para apoyar a las mujeres con discapacidad?

a) Implementar campañas de sensibilización para fomentar la dependencia.
b) Adaptar programas de violencia de género para que las mujeres con discapacidad puedan acceder igualitariamente a los servicios de apoyo.
c) Crear un programa exclusivo de cuidado de personas mayores con discapacidad.
d) Establecer un servicio de asesoría jurídica solo para mujeres con discapacidad.

22. ¿Qué principio clave se destaca en el III Plan Municipal de Igualdad del Ayuntamiento de Zamora?

a) La participación positiva en política y en la vida social.
b) Transversalidad de género y empoderamiento de la mujer.
c) Favorecer la equiparación salarial entre hombres y mujeres.
d) Promoción de políticas que beneficien solo a colectivos vulnerables.

23. ¿Cuál de los siguientes documentos establece que "todos los seres humanos nacen libres e iguales en dignidad y derechos"?

a) Declaración Universal de los Derechos Humanos (1948).
b) Carta de las Naciones Unidas (1945).
c) Convención sobre la Eliminación de Todas las Formas de Discriminación Contra la Mujer (CEDAW) (1979).
d) Agenda 2030 para el Desarrollo Sostenible.

24. ¿Qué tratado establece que los Estados miembros de la Unión Europea pueden adoptar medidas de acción positiva en favor de la igualdad de género?

a) Tratado de Roma (1957).
b) Tratado de Maastricht (1992).
c) Tratado de Ámsterdam (1997).
d) Tratado de la Constitución Europea (2004).

25. ¿Cuál de los siguientes principios del III Plan Municipal de Igualdad del Ayuntamiento de Zamora destaca la necesidad de incorporar la perspectiva de género en todas las políticas y acciones municipales?

a) Enfoque integral.
b) Acción positiva.
c) Transversalidad de género.
d) Empoderamiento.

26. ¿Cuál de las siguientes acciones está incluida en el III Plan Municipal de Igualdad del Ayuntamiento de Zamora en el área de Medios de Comunicación?

a) Fomentar la corresponsabilidad de hombres y mujeres.
b) Realizar talleres de coeducación para el alumnado y las AMPAs.

c) Promover una imagen igualitaria y plural de hombres y mujeres en los medios.

d) Incrementar la formación en género del personal de comunicación.

27. ¿Cuál de las siguientes medidas está incluida en el III Plan Municipal de Igualdad del Ayuntamiento de Zamora para promover la conciliación del ámbito laboral y familiar?

a) Incentivos económicos para la creación de empresas gestionadas por mujeres.

b) Aplicación de cuotas de reserva para mujeres en proyectos formativos.

c) Cursos formativos en TIC para la búsqueda de empleo.

d) Campañas de sensibilización sobre la importancia económica y social del trabajo doméstico.

28. ¿Cuál de las siguientes medidas está incluida en el III Plan Municipal de Igualdad del Ayuntamiento de Zamora para fomentar la participación activa de las mujeres en espacios públicos?

a) Incentivar la contratación de empresas que fomenten la igualdad en sus procesos de selección y empleo.

b) Realización y divulgación de investigaciones sobre la presencia y participación de las mujeres en la esfera social.

c) Organizar charlas, mesas redondas y encuentros con mujeres destacadas.

d) Cursos formativos que doten a las mujeres de herramientas técnicas para acceder a cargos de responsabilidad.

29. ¿Cuál de las siguientes medidas está incluida en el III Plan Municipal de Igualdad para visibilizar los problemas sanitarios específicos en mujeres?

a) Difusión de información sobre enfermedades que transmiten los hombres.

b) Aplicación de políticas específicas para la prevención y promoción de la salud de colectivos vulnerables.

c) Promoción de estudios que analicen la salud de ambos sexos desde una perspectiva diferenciada.

d) Difusión de información sobre enfermedades con mayor incidencia en las mujeres.

30. ¿Qué acción propone el III Plan Municipal de Igualdad para sensibilizar y visibilizar la comunidad LGTBI en Zamora?

a) Promover la discriminación positiva en la contratación de personas LGTBI en empresas municipales.

b) Realizar estudios sobre la realidad del colectivo LGTBI en Zamora.

c) Crear un fondo económico para proyectos exclusivos de mujeres transgénero.

d) Organizar un evento anual exclusivo para hombres LGTBI.

Solución al test n.º 7

1. a) Promover, remover y facilitar.

2. c) Título V.

3. b) Igualdad de trato y de oportunidades entre mujeres y hombres.

4. a) A toda persona, física o jurídica, que se encuentre o actúe en territorio español, cualquiera que fuese su nacionalidad, domicilio o residencia.

5. d) Lo previsto en el artículo 71.2, referente a costes relacionados con el embarazo y el parto en contratos de seguros o servicios financieros.

6. c) Es un principio informador del ordenamiento jurídico.

7. b) La tendencia sexual.

8. a) Discriminación directa.

9. c) Acoso por razón de sexo.

10. b) Nulos y sin efecto.

11. d) Proporcionadas.

12. d) Las candidaturas electorales y en la toma de decisiones.

13. b) Transversal.

14. c) Explotar los datos de que disponen de modo que se puedan conocer las diferentes situaciones, condiciones, aspiraciones y necesidades de mujeres y hombres en los diferentes ámbitos de intervención.

15. b) Planificación.

16. d) Planes Municipales de organización del tiempo de la ciudad.

17. a) Difusa.

18. c) No superen el 60 % ni sean menos del 40 %.

19. b) En las bases de los concursos para la provisión de puestos de trabajo se computará, a los efectos de valoración del trabajo desarrollado y de los correspondientes méritos, el tiempo que las personas candidatas hayan permanecido en excedencia, reducción de jornada o permisos relacionados con la maternidad.

20. a) Un 40 % de las plazas.

21. b) Adaptar programas de violencia de género para que las mujeres con discapacidad puedan acceder igualitariamente a los servicios de apoyo.

22. b) Transversalidad de género y empoderamiento de la mujer.

23. a) Declaración Universal de los Derechos Humanos (1948).

24. b) Tratado de Maastricht (1992).

25. c) Transversalidad de género.

26. c) Promover una imagen igualitaria y plural de hombres y mujeres en los medios.

27. d) Campañas de sensibilización sobre la importancia económica y social del trabajo doméstico.

28. c) Organizar charlas, mesas redondas y encuentros con mujeres destacadas.

29. d) Difusión de información sobre enfermedades con mayor incidencia en las mujeres.

30. b) Realizar estudios sobre la realidad del colectivo LGTBI en Zamora.

MATERIAS ESPECÍFICAS

BLOQUE II

Funciones y tareas de los ordenanzas y conserjes

1. Podemos conocer las funciones propias de Ordenanzas y Conserjes de varias maneras, excepto de una. Señale cuál de ellas:

a) Las asignadas por cada Administración.
b) Las establecidas por el Decreto 3143/1971 de 16 de diciembre.
c) Las definidas por los Convenios Colectivos de Personal Laboral.
d) Las determinadas por la Ley 31/1995 de 8 de noviembre.

2. Por regla general, la titulación exigida a Ordenanzas y Conserjes es:

a) Formación profesional de grado medio.
b) Graduado Escolar.
c) Bachiller.
d) Ninguna titulación.

3. El personal laboral está ligado a la Administración Pública:

a) Por un contrato de trabajo.
b) Por un nombramiento legal.
c) Por un acuerdo notarial.
d) Por un pacto sindical.

4. De entre las opciones enumeradas, ¿cuál de las siguientes es una función propia de Ordenanzas y Conserjes?

a) Recepción de los carros de comida y la distribución de la misma.
b) Realizar el aseo y limpieza de los enfermos, ayudando al enfermero/a cuando la situación del enfermo lo requiera.
c) Controlar la entrada de las personas ajenas al servicio.
d) Traslado de ropa usada a la lavandería y recogida de la ropa limpia desde la misma.

5. De entre las opciones enumeradas, ¿cuál de las siguientes es una función propia de Ordenanzas y Conserjes?

a) Confección de documentos, como recibos o fichas.
b) Registro y archivo de documentos.
c) Funciones de apoyo al personal titulado, no de sustitución, en trabajos que requieren cierto grado de conocimiento teórico y práctico de las técnicas bibliotecarias.
d) Custodiar las llaves de los despachos y oficinas.

6. De entre las opciones enumeradas, ¿cuál de las siguientes es una función propia de Ordenanzas y Conserjes?

a) Atención y cuidado del alumnado en los centros docentes.
b) Colaboración con el profesorado en la vigilancia de los recreos, en los cambios de aulas y en los servicios complementarios de los escolares.
c) Asistencia y formación de los escolares con minusvalía, atendiendo a éstos en la ruta escolar, en su limpieza y aseo, en el comedor, durante la noche y demás necesidades análogas.
d) Reunirse con los padres y madres de los alumnos para tratar sobre las normas de comportamiento en el Centro escolar.

7. De entre las opciones enumeradas, ¿cuál de las siguientes es una función propia de Ordenanzas y Conserjes?

a) Manejo de básculas de pesaje para tareas de inspección de vehículos.
b) Realizar, dentro de la dependencia, los traslados de material, mobiliario y enseres que fueren necesarios.
c) Transporte de mobiliario fuera del recinto de trabajo.
d) Grabación de datos a través de terminales de ordenador.

8. De entre las opciones enumeradas, ¿cuál de las siguientes es una función propia de Ordenanzas y Conserjes?

a) Transformación culinaria de los alimentos y su distribución.
b) Actividades teórico-prácticas específicas como consecuencia de la programación cultural y/o deportiva.
c) Recibir y preparar la correspondencia de entrada del servicio, fax recibidos, etc. y la documentación del correo interno, y distribuirla por los diferentes departamentos y centros de trabajo.
d) Funciones de verificación y control de contadores de consumo de agua, volumétricos de líquidos distintos del agua, de consumo de gases combustibles, de básculas mecánicas y electrónicas y otros equipos de medidas eléctricas.

9. De entre las opciones enumeradas, ¿cuál de las siguientes es una función propia de Ordenanzas y Conserjes?

a) Presidir las reuniones que se organicen en el Centro.
b) Apoyo a labores básicas: como foliar, cuñar, sellar o ensobrar documentos.

c) Reparación de las instalaciones eléctricas.
d) Mantenimiento de los ascensores del edificio del Organismo Público.

10. Los Ordenanzas y Conserjes que disfruten de vivienda en la misma dependencia en que se hallen destinados deben tener, en todo caso, un descanso ininterrumpido de al menos:

a) 8 horas.
b) 10 horas.
c) 12 horas.
d) 14 horas.

11. Tal como dispone el Real Decreto 645/2011 por el que se regula, entre otros, el certificado de profesionalidad de "Operaciones auxiliares de servicios administrativos y generales", la competencia general de este profesional es distribuir, reproducir y transmitir la información y documentación requeridas en las tareas administrativas y de gestión, internas y externas, así como realizar trámites elementales de verificación de datos y documentos a requerimiento de técnicos de nivel superior, de acuerdo con instrucciones o procedimientos establecidos, con:

a) Eficacia.
b) Responsabilidad.
c) Discreción.
d) Urgencia.

12. Dentro del perfil profesional de "Operaciones auxiliares de servicios administrativos y generales" no figura la siguiente unidad de competencia:

a) Realizar operaciones auxiliares de reproducción y archivo en soporte convencional o informático.
b) Transmitir y recibir información operativa en gestiones rutinarias con agentes externos de la organización.
c) Realizar e integrar operaciones de apoyo administrativo básico.
d) Introducir datos y textos en terminales informáticos en condiciones de seguridad, calidad y eficiencia.

13. Señala la opción incorrecta. El perfil profesional del certificado de profesionalidad de "Operaciones auxiliares de servicios administrativos y generales" está estructurado en:

a) Criterios de realización.
b) Módulos de valoración.
c) Unidades de competencia.
d) Realizaciones profesionales.

14. El profesional de "Operaciones auxiliares de servicios administrativos y generales" debe recepcionar los mensajes para otros miembros de la organización asegurando su:

a) Grabación.
b) Divulgación.
c) Comprensión.
d) Legalidad.

15. Señala la opción incorrecta. Ante las situaciones profesionales que lo requieran, las respuestas negativas pertinentes que realice el profesional de "Operaciones auxiliares de servicios administrativos y generales", se expresarán:

a) De forma asertiva, clara y concisa.
b) Evitando justificarse y con expresiones de agradecimiento o comprensión hacia el otro.
c) Explicando lo necesario.
d) Con autoridad e inexpresividad.

Solución al test n.º 8

1. d) Las determinadas por la Ley 31/1995 de 8 de noviembre.

2. d) Ninguna titulación.

3. a) Por un contrato de trabajo.

4. c) Controlar la entrada de las personas ajenas al servicio.

5. d) Custodiar las llaves de los despachos y oficinas.

6. a) Atención y cuidado del alumnado en los centros docentes.

7. b) Realizar, dentro de la dependencia, los traslados de material, mobiliario y enseres que fueren necesarios.

8. c) Recibir y preparar la correspondencia de entrada del servicio, fax recibidos, etc. y la documentación del correo interno, y distribuirla por los diferentes departamentos y centros de trabajo.

9. b) Apoyo a labores básicas: como foliar, cuñar, sellar o ensobrar documentos.

10. b) 10 horas.

11. a) Eficacia.

12. d) Introducir datos y textos en terminales informáticos en condiciones de seguridad, calidad y eficiencia.

13. b) Módulos de valoración.

14. c) Comprensión.

15. d) Con autoridad e inexpresividad.

Información y atención al público. Atención telefónica. Centralitas telefónicas. Listines telefónicos: confección, actualización y uso

1. El *feedback* significa:

a) Alimentación verbal.
b) Impacto emocional.
c) Retroalimentación.
d) Escucha óptima.

2. En cuanto al ciudadano cliente, es falso que:

a) Hay que atender con rapidez y reflexión sus reclamaciones.
b) Toda la empresa pública es responsable de las relaciones con los ciudadanos clientes.
c) Debe sentir interés por parte del informador público para con sus problemas.
d) No espera un trato exquisito, solo quiere que se le resuelva el asunto de su consulta.

3. En el trato a un cliente inquisitivo, es adecuado:

a) Mostrarle conocimientos técnicos.
b) No dar detalles.
c) Mostrar impaciencia.
d) Contradecirse.

4. En el trato a un cliente presuntuoso, no es correcto:

a) Mostrar humildad.
b) Competir con él.
c) Mostrar mucha amabilidad.
d) Adularle alguna vez.

5. En el trato a un cliente escéptico, no es correcto:

a) Mostrar paciencia y perseverancia.
b) Ser sincero.

c) Mantenerse firme y a distancia.
d) Dar garantías.

6. No es correcto, en relación con el comportamiento agresivo de un ciudadano cliente la siguiente afirmación:

a) El agresivo se enfadará con el representante de la Administración, aun sabiendo que no es el culpable de sus problemas.
b) El funcionario no debe perder las buenas maneras y no dar respuestas que puedan ser interpretadas como una provocación.
c) Se intentará frenar la parte irracional de su comportamiento y negociar, haciéndole sentir que su problema nos preocupa.
d) No es conveniente aplicar en esta situación la escucha activa.

7. ¿Cuál de los siguientes tipos de comportamiento se caracteriza por dar afirmaciones claras, expresarse con franqueza y de manera constructiva?

a) Comportamiento asertivo.
b) Comportamiento pasivo.
c) Comportamiento agresivo.
d) Comportamiento pasivo-agresivo.

8. Para establecer un tono positivo con los clientes que no tienen razón en sus argumentos, hemos de:

a) Decirles que no llevan la razón.
b) Decirles que están equivocados.
c) Hacerles sentir culpables.
d) Esforzarnos en ser positivos en nuestras respuestas.

9. Parafrasear es una forma de asegurar nuestra comprensión del mensaje diciéndole al cliente lo que pensamos o lo que hemos comprendido:

a) Añadiendo la información no incluida por el cliente.
b) Asegurándonos de que nuestro tono incluye juicio.
c) Asegurándonos de que nuestro tono incluye evaluación.
d) Dando a entender al cliente que queremos saber si entendemos adecuadamente su mensaje.

10. Cuando los clientes se acercan a la Administración, a menudo nos encontramos con la tarea de tener que explicar un asunto o un servicio. No es cierto que en la explicación:

a) Nos aseguraremos de dar la información correcta.
b) Evitaremos los tecnicismos, utilizando un lenguaje simple y coloquial y educado.

c) Utilizaremos explicaciones de carrerilla, para no ser desigual con otros clientes.

d) No asumiremos que el cliente sabe de temas de la Administración, facilitándole los detalles imprescindibles.

11. ¿Cuál de las siguientes opciones es correcta en cuanto a convencer al cliente?

a) Convencer es coaccionar al cliente para que este realice algo que no desea.

b) Tenemos que persuadirle.

c) Los ciudadanos quieren creer lo que les decimos.

d) No es tarea del personal de la Administración ganarse la confianza que quieran depositar en él.

12. Para tratar a un cliente enfadado, aplicando la técnica de la escucha física:

a) Miraremos al ciudadano directamente. Esto implica que prestamos toda nuestra atención a la conversación con el cliente.

b) Cruzaremos los brazos o las piernas, para hacer pensar al cliente que estamos dispuestos a escucharle.

c) Le miraremos a los ojos fijamente por largo tiempo.

d) Mantendremos una postura rígida e inamovible.

13. La escucha física es una técnica que nos va a permitir, mediante un lenguaje no verbal, tranquilizar y relajar el ánimo de nuestro cliente. ¿Cuál de las siguientes frases es correcta?

a) Primero la persona, después el problema. Primero los sentimientos, después los hechos.

b) Primero la persona, después los sentimientos. Primero el problema, después los hechos.

c) Primero los sentimientos, después la persona. Primero los hechos, después el problema.

d) Primero el problema, después la persona. Primero los hechos, después los sentimientos.

14. Para disminuir la tensión en una reclamación de un ciudadano agresivo:

a) Hay que sentirse personalmente afectado.

b) Hay que evitar la responsabilidad.

c) Dejar hablar y escuchar.

d) Procurar entrar en discusión.

15. Ante un cliente que solicita información con mucha meticulosidad, numerosas preguntas y una actitud crítica, el trato del informador público debe caracterizarse por:

a) Permanecer impasible.

b) Dar pocos detalles.

c) Aportar conocimientos técnicos.

d) Mantenerse firme.

16. Un cliente acude a una de las oficinas de la Administración demandando información personal que le es necesaria para cumplimentar algunos documentos. Sabemos que los datos están informatizados y puede tener acceso a ellos introduciendo un código en un terminal informático. Por lo tanto, como informador público:

a) Dejaremos que el cliente decida cómo actuar.

b) Nos acercaremos a él con la máxima profesionalidad para intentar ayudarle.

c) Esperaremos y solo si observamos algún error en el proceso, tomaremos la iniciativa.

d) Entablaremos una conversación intrascendente para ganarnos su confianza.

17. Para proporcionar un servicio de calidad que satisfaga a los clientes:

a) Se deben aplicar técnicas de escucha activa, feedback y reformulación.

b) La información debe ser ofrecida por más de un empleado.

c) La prioridad será mantener una buena imagen de la Administración.

d) El empleado público se mantendrá indiferente a las necesidades del ciudadano.

18. Un visitante pregunta a un Ordenanza por una determinada unidad; este le facilitará una información:

a) Totalmente detallada recurriendo incluso al color de las puertas.

b) Clara y sucinta.

c) Que incluya un croquis de las dependencias por donde debe pasar antes de llegar a la unidad.

d) Que indique el recorrido pero advirtiéndole que existen suficientes rótulos indicadores de las unidades o servicios.

19. Los clientes poseen diferentes personalidades y por ello tienen diferentes características. Así, debemos saber que el cliente que avasalla e insulta pertenece al tipo:

a) Hablador.

b) Excitable.

c) Inquisitivo.

d) Irrazonable.

20. El comportamiento agresivo:

a) Se refleja físicamente por el movimiento continuo de manos y brazos.

b) Se da cuando una persona se enfrenta a otra físicamente.

c) Se da cuando la persona afirma claramente, se expresa con franqueza y de manera constructiva.

d) Se da cuando una persona siente temor a actuar de forma agresiva.

21. La diferencia entre una reclamación y una queja es que la primera:

a) Expresa desacuerdo con el trato personal.
b) Expresa insatisfacción con el contenido dado a la demanda.
c) Se basa en una percepción subjetiva que no afecta a todos los clientes por igual.
d) Informa sobre cómo es percibida la calidad de los servicios por los ciudadanos.

22. ¿Cuál de los siguientes elementos básicos de la comunicación se refiere al lenguaje en el que emitimos el mensaje?

a) El emisor.
b) El receptor.
c) El canal.
d) El código.

23. No ayuda a la comunicación:

a) La escucha activa.
b) El *feedback*.
c) La reformulación (fenómeno eco).
d) Utilizar un lenguaje lo más técnico posible.

24. No ayuda a una escucha activa:

a) Estar preparado sobre el tema de que se trata.
b) Escuchar y resumir las ideas básicas.
c) Repetir en esencia lo que ha dicho el interlocutor.
d) No preguntar.

25. No es cierto que el *feedback* (retroalimentación) en la comunicación:

a) Consiste en facilitar a nuestro interlocutor información sobre cómo hemos percibido o entendido lo que nos está comunicando.
b) Consiste en dejar que el otro hable, escuchar atentamente y callar.
c) Puede referirse no solo a la recepción del mensaje sino a expresar de forma verbal el impacto emocional del mismo.
d) Aclara las relaciones entre personas y ayuda a comprender mejor al otro.

26. Es un fallo en la comunicación:

a) Entender lo que queremos entender.
b) Establecer un clima agradable.
c) Estar dispuestos a oír a la otra persona en sus propios términos.
d) Ser comprensivo con las circunstancias del interlocutor.

27. No es una causa de fallos en la comunicación:

a) Entender lo que queremos entender.
b) Nuestro estado emocional condicionador de lo que queremos decir.
c) Estar a la defensiva.
d) Vocalizar al hablar.

28. No ayuda a mejorar nuestra comunicación cuando hablamos:

a) Organizar nuestro pensamiento.
b) Expresarnos con precisión.
c) Encerrar muchas ideas en un enunciado.
d) Hablar con naturalidad.

29. No ayuda a mejorar nuestra comunicación cuando escuchamos:

a) Que el interlocutor advierta que se pone voluntad e interés en entenderle.
b) Utilizar el *feedback* (retroalimentación).
c) Pensar en nuestras respuestas mientras escuchamos.
d) No evaluar ni prejuzgar.

30. El ordenanza o conserje que recibe una reclamación de un cliente:

a) Ha de negarse a recibirla.
b) Debe convencer al usuario para que no la presente.
c) Debe recibir cualquier tipo de reclamación que el usuario quiera presentar.
d) El cliente no puede realizar reclamaciones.

31. En relación con la comunicación no verbal, es falso que:

a) La quietud y el reposo son posturas de clara atención al interlocutor.
b) La quietud ha de ser rígida para mostrar que no se está deseando que el otro acabe de hablar.
c) Comunicamos constantemente nuestro estado emocional a través de inconscientes gestos.
d) Cuando hablamos, nuestra voz comunica una gran cantidad de información no incluida en los sonidos de las palabras que pronunciamos (el paralenguaje).

32. Es importante ofrecer una cálida acogida al ciudadano que llega a veces perdido. La acogida tiene cuatro partes, ¿cuál de las siguientes es incorrecta?

a) Recepción.
b) Saludo.
c) Ponernos a su disposición.
d) Continuar con lo que estábamos haciendo.

33. Señalar la respuesta incorrecta. La escucha física es una técnica que:

a) Permite tranquilizar y relajar el ánimo del cliente.
b) Utiliza el lenguaje verbal.
c) Refleja la actitud de estar al servicio del cliente.
d) Transmite interés por el problema.

34. Es Importante que la voz del ordenanza o conserje al teléfono para atender al usuario sea:

a) Clara, monótona y agresiva.
b) Apagada, natural y agradable.
c) Regresiva, con silencios.
d) Agradable, clara y armónica.

35. Señalar la opción incorrecta. Cuando el ordenanza o conserje realiza una llamada debe seguir los pasos que se indican a continuación:

a) Saludar.
b) Mantener al usuario en espera.
c) Justificar la llamada.
d) Aplicar la técnica de escucha activa.

36. La atención personalizada al ciudadano no comprende la función de:

a) Recepción y acogida a los ciudadanos.
b) Orientación e información.
c) Gestión.
d) Enjuiciamiento.

37. ¿Cuál es el objetivo principal de un listín telefónico?

a) Servir como agenda de eventos personales.
b) Facilitar la organización y consulta de contactos telefónicos.
c) Funcionar como directorio de direcciones postales.
d) Sustituir los directorios empresariales.

38. ¿Qué facilita la búsqueda de contactos en un listín telefónico en formato papel?

a) Buscar por la inicial del nombre y otros datos adicionales.
b) Pasar las páginas rápidamente hasta encontrar el nombre.
c) Consultar los contactos más recientes primero.
d) Utilizar un índice numérico en lugar de alfabético.

Solución al test n.º 9

1. c) Retroalimentación.

2. d) No espera un trato exquisito, solo quiere que se le resuelva el asunto de su consulta.

3. a) Mostrarle conocimientos técnicos.

4. b) Competir con él.

5. c) Mantenerse firme y a distancia.

6. d) No es conveniente aplicar en esta situación la escucha activa.

7. a) Comportamiento asertivo.

8. d) Esforzarnos en ser positivos en nuestras respuestas.

9. d) Dando a entender al cliente que queremos saber si entendemos adecuadamente su mensaje.

10. c) Utilizaremos explicaciones de carrerilla, para no ser desigual con otros clientes.

11. c) Los ciudadanos quieren creer lo que les decimos.

12. a) Miraremos al ciudadano directamente. Esto implica que prestamos toda nuestra atención a la conversación con el cliente.

13. a) Primero la persona, después el problema. Primero los sentimientos, después los hechos.

14. c) Dejar hablar y escuchar.

15. c) Aportar conocimientos técnicos.

16. b) Nos acercaremos a él con la máxima profesionalidad para intentar ayudarle.

17. a) Se deben aplicar técnicas de escucha activa, feedback y reformulación.

18. b) Clara y sucinta.

19. b) Excitable.

20. a) Se refleja físicamente por el movimiento continuo de manos y brazos.

21. b) Expresa insatisfacción con el contenido dado a la demanda.

22. d) El código.

23. d) Utilizar un lenguaje lo más técnico posible.

24. d) No preguntar.

25. b) Consiste en dejar que el otro hable, escuchar atentamente y callar.

26. a) Entender lo que queremos entender.

27. d) Vocalizar al hablar.

28. c) Encerrar muchas ideas en un enunciado.

29. c) Pensar en nuestras respuestas mientras escuchamos.

30. c) Debe recibir cualquier tipo de reclamación que el usuario quiera presentar.

31. b) La quietud ha de ser rígida para mostrar que no se está deseando que el otro acabe de hablar.

32. d) Continuar con lo que estábamos haciendo.

33. b) Utiliza el lenguaje verbal.

34. d) Agradable, clara y armónica.

35. b) Mantener al usuario en espera.

36. d) Enjuiciamiento.

37. b) Facilitar la organización y consulta de contactos telefónicos.

38. a) Buscar por la inicial del nombre y otros datos adicionales.

TEST N.º 10

Control de accesos. Funciones de vigilancia y custodia de inmuebles

1. La medida preventiva de seguridad que consiste en la supervisión y regulación del tránsito de personas, vehículos y objetos a través de una o varias zonas de un edificio público, se llama:

a) Apertura de instalaciones.
b) Control de accesos.
c) Acreditación de visitantes.
d) Identificación automática.

2. El principal objetivo del control de accesos es:

a) Obtener información de cuántas personas acceden al edificio diariamente.
b) La información al ciudadano sobre el lugar al que se ha de dirigir.
c) Minimizar o descartar riesgos de seguridad derivados de entradas y salidas no autorizadas.
d) Favorecer el uso de la administración electrónica.

3. La norma UNE-EN 60839:2014 cataloga los sistemas de control de accesos de grado 3 como:

a) Alto riesgo.
b) Bajo riesgo.
c) Riesgo entre bajo y medio.
d) Riesgo entre medio y alto.

4. Cuando se exige algún tipo de credencial para acceder al interior de un edificio, la forma de control de accesos será:

a) Regulación del tránsito.
b) Recepción de personas visitantes y usuarios.
c) Registro de movimientos.
d) Apertura de puertas.

5. ¿Cuál de los siguientes es un sistema de credencial material?

a) La huella digital.
b) La cerradura de combinación.
c) El iris de los ojos.
d) La tarjeta de control.

6. ¿Cuál de los siguientes es un sistema credencial de conocimientos?

a) La voz.
b) Los emisores de radiofrecuencia.
c) La cerradura de combinación.
d) La llave magnética.

7. De entre los siguientes sistemas de credenciales, señala cuál es de conocimiento:

a) Emisor de infrarrojos.
b) Tarjeta holográfica.
c) Teclado digital.
d) Geometría de la mano.

8. ¿Cuál de los siguientes es un sistema de credencial personal?

a) Rasgos faciales.
b) Escritura.
c) Emisor de ultrasonido.
d) Llave mecánica.

9. De los siguientes términos, ¿cuál define a los elementos tipo portillos motorizados o pasillos automatizados que se colocan en los puntos de acceso que se utilizan como entrada a los edificios para canalizar la entrada por los lugares indicados y restringir el paso para que solo sea utilizado por personas autorizadas?

a) Alarmas.
b) Tornos.
c) Conserjería.
d) Garitas.

10. De las siguientes opciones, señala la incorrecta en relación al control de accesos de objetos:

a) Los encargados del control de entrada y salida podrán comprobar, cuando así se les encomiende, el contenido de los bultos o paquetes sospechosos que el personal o los usuarios del servicio entren o saquen de los locales.
b) Deben declararse a la entrada los objetos que a la salida pudieran dar lugar a dudas sobre la licitud de su tenencia.

c) No se permitirá la salida de ningún objeto o material de servicio que no haya sido declarado a la entrada, aunque tenga autorización.

d) Cuando por obras, u otra causa, alguna dependencia precise dar salida a un considerable volumen de objetos o material, deberá participarlo al personal de control de entrada y salida para su debido control.

11. El arco detector de metales no es válido para detectar:

a) Herramientas.
b) Drogas.
c) Artefactos explosivos.
d) Armas.

12. El sistema de control de acceso de vehículos puede utilizarse en zonas de aparcamiento exclusivas del organismo y, generalmente, con capacidad para al menos:

a) 10 vehículos.
b) 30 vehículos.
c) 50 vehículos.
d) 100 vehículos.

13. A la hora de distinguir los rasgos más importantes para describir a una persona, se considera una característica especial:

a) La edad.
b) La raza.
c) La forma de la cara.
d) El sexo.

14. No es cierto que la ronda de seguridad:

a) Incluya verificar el estado general de las instalaciones en materia de seguridad.
b) Se puede realizar en cualquier momento de la jornada.
c) Se realice recorriendo planta a planta, inspeccionando y asegurando cada una de ellas.
d) Incluya comprobar el correcto funcionamiento de los equipos y sistemas de detección y alarma.

15. Las áreas sensibles de un edificio de un organismo público son aquellas zonas, salas o despachos que, por circunstancias concretas, requieran de una atención de seguridad específica. Se consideran como tales:

a) Las plantas más altas del edificio.
b) Las áreas administrativas.

c) Los salones de actos.

d) Las salas de cuartos de máquinas e instalaciones.

16. Señala, de las siguientes, cuál es la opción incorrecta en relación con la inspección de los despachos de dirección y altos cargos:

a) La inspección se realizará todos los días a partir de la finalización del horario laboral normalizado, cuando la dirección o alto cargo y su secretaria o secretario hayan abandonado el edificio.

b) Se comprobará que el despacho esté cerrado; en el caso de que esté abierto, se comprobará la presencia e identidad de quien permanezca en su interior.

c) Si hubiera alguien en el interior, a la salida se cerrarán las puertas y se registrará el hecho como incidencia en el libro oficial de incidencias o aplicación informática correspondiente.

d) Aunque las puertas de los despachos estén cerradas o no se detecten irregularidades desde el exterior, durante la inspección de la ronda de seguridad se deberá entrar para cerciorarse de que todo está correcto en el interior.

17. Señala la opción correcta relacionada con la función de custodia y control de llaves:

a) La custodia y control de llaves de cualquier edificio de un organismo público es responsabilidad del conserje.

b) Las llaves son para uso exclusivo del conserje, no pudiendo cederse temporalmente bajo ningún concepto a otras personas del centro o ajenas al mismo.

c) Cualquier persona del centro podrá solicitar el uso y disfrute de copias de las llaves de las dependencias en las que trabaje.

d) El conserje encargado de la custodia y control de llaves del edificio registrará en el libro oficial de registro o aplicación informática los movimientos de llaves, entrega y recogida solicitadas por personal laboral y contratas externas autorizadas por la administración del edificio.

18. Para el control de personas y visitantes, el conserje no está autorizado por ley a:

a) Tomar nota de los datos facilitados por la persona interesada.

b) Dotar a la persona interesada de una credencial que le permita el acceso, si así se determina.

c) Solicitar amablemente la documentación personal de los visitantes.

d) Identificar la procedencia y destino de los objetos que la persona visitante pretenda introducir.

19. Al conjunto de elementos electrónicos y electromecánicos indicados para permitir el acceso al edificio y a las zonas restringidas que se determinen, solo a las personas empleadas públicas, visitantes y usuarias que dispongan de la correspondiente tarjeta identificativa que le acredite para ello, emitida siguiendo el procedimiento que se establezca para controlar el acceso, se le denomina:

a) Recepción de personas y visitantes.

b) Regulación del tránsito.

c) Sistema de credenciales.
d) Sistema de identificación.

20. En función del tipo de tarjeta identificativa o credencial utilizado para la identificación de personas, los sistemas de control de accesos se dividen en varios tipos. Señala la respuesta incorrecta:

a) Sistema de credencial material.
b) Sistema de credencial personal.
c) Sistema de credencial profesional.
d) Sistema de credencial de conocimiento.

21. Los sistemas más utilizados de credencial material son de cuatro tipos. Señala el que no corresponda:

a) Llaves.
b) Teclados.
c) Tarjeta.
d) Adhesivos.

22. Los lectores de tarjetas son un dispositivo encargado de controlar el acceso a las zonas de uso restringido que se determine, en los edificios catalogados como:

a) RE1.
b) RE4.
c) RA5.
d) RE5.

23. Para detectar materiales explosivos en paquetes, se utilizará un detector:

a) Analizador de vapores.
b) De explosivos por radiación.
c) De metales portátil.
d) De metales por paso.

24. El equipo compuesto por un pórtico detector, de dimensiones que permita el paso de una persona, y la unidad electrónica de control, para el tratamiento de la señal, integrada en el propio pórtico, se llama:

a) Monitor nuclear.
b) Arco de Rayos X.
c) Arco de explosivos por radiación.
d) Arco detector de metales.

25. Los equipos que permiten la exploración de paquetes, bultos y objetos memorizando digitalmente la imagen radioscópica producida, de manera que pueda analizarse aun cuando el objeto ya no se encuentre en su interior, se denominan:

a) Equipos de inspección por rayos X fijos.
b) Equipos de inspección por rayos X portátiles.
c) Monitores nucleares.
d) Escáneres de alta resolución.

26. Para detectar armas, los sistemas de control de acceso que se utilizarán son:

a) Perros u otro tipo de animales.
b) Equipos de inspección por rayos X portátiles.
c) Detector de metales portátil.
d) Detector analizador de vapores (portátil o por paso).

27. El sistema contador de vehículos es un sistema de control de acceso de:

a) Aparcamiento exterior mediante control remoto.
b) Aparcamiento exterior o interior con control directo por personal de vigilancia.
c) Aparcamiento interior mediante control remoto.
d) Aparcamiento exterior mediante puerta de apertura.

28. En muchos edificios públicos, la función del control de accesos por parte del conserje puede conllevar las tareas siguientes, excepto una, señala cuál:

a) Efectuar controles de identidad.
b) Control de seguridad del perímetro exterior de acceso al edificio.
c) Supervisión de la puerta de acceso del personal.
d) Supervisión de las puertas de emergencia.

29. Si una persona afectada por las comprobaciones del control de accesos de objetos se negase a facilitar la información requerida:

a) Se requerirá la intervención del personal del servicio de vigilancia.
b) Se identificará y retendrá a tal persona, dando cuenta al responsable de Seguridad en la Unidad respectiva.
c) Se solicitará la presencia de su Jefe inmediato para que informe o esté presente en las comprobaciones necesarias.
d) Se requerirá la intervención de los Cuerpos y Fuerzas de Seguridad del Estado.

30. Respecto a la supervisión de las puertas de emergencia, el conserje deberá:

a) Prohibir el acceso de entrada y salida del personal.
b) Anotar las entradas y salidas en el correspondiente libro de registro.

c) Controlar aquellos movimientos que tengan lugar fuera del horario autorizado.

d) Comprobar periódicamente que los elementos de apertura y cierre funcionan correctamente.

31. Con respecto a la custodia y control de las llaves, señala la respuesta incorrecta:

a) Dentro de las funciones del conserje se encuentra la custodia y control de llaves del edificio, para uso exclusivo del personal del centro, y en ningún caso para personas externas del centro.

b) El conserje se encargará de la cesión temporal de las llaves a personas externas que lo soliciten.

c) El conserje anotarán en el libro oficial de registro o aplicación informática los movimientos de llaves.

d) El conserje se encargará de la entrega y recogida de las llaves solicitadas por personal laboral y contratas externas autorizadas por la administración del edificio.

32. ¿En qué circunstancia un trabajador conserje puede solicitar y retener el DNI a un visitante?

a) Cuando así lo requiera el trabajador.

b) Siempre.

c) Cuando así lo requieran las normas de acceso.

d) En ningún caso.

Solución al test n.º 10

1. b) Control de accesos.

2. c) Minimizar o descartar riesgos de seguridad derivados de entradas y salidas no autorizadas.

3. d) Riesgo entre medio y alto.

4. a) Regulación del tránsito.

5. d) La tarjeta de control.

6. c) La cerradura de combinación.

7. c) Teclado digital.

8. a) Rasgos faciales.

9. b) Tornos.

10. c) No se permitirá la salida de ningún objeto o material de servicio que no haya sido declarado a la entrada, aunque tenga autorización.

11. b) Drogas.

12. a) 10 vehículos.

13. c) La forma de la cara.

14. b) Se puede realizar en cualquier momento de la jornada.

15. d) Las salas de cuartos de máquinas e instalaciones.

16. d) Aunque las puertas de los despachos estén cerradas o no se detecten irregularidades desde el exterior, durante la inspección de la ronda de seguridad se deberá entrar para cerciorarse de que todo está correcto en el interior.

17. d) El conserje encargado de la custodia y control de llaves del edificio registrará en el libro oficial de registro o aplicación informática los movimientos de llaves, entrega y recogida solicitadas por personal laboral y contratas externas autorizadas por la administración del edificio.

18. c) Solicitar amablemente la documentación personal de los visitantes.

19. b) Regulación del tránsito.

20. c) Sistema de credencial profesional.

21. b) Teclados.

22. d) RE5.

23. b) De explosivos por radiación.

24. d) Arco detector de metales.

25. a) Equipos de inspección por rayos X fijos.

26. c) Detector de metales portátil.

27. b) Aparcamiento exterior o interior con control directo por personal de vigilancia.

28. a) Efectuar controles de identidad.

29. b) Se identificará y retendrá a tal persona, dando cuenta al responsable de Seguridad en la Unidad respectiva.

30. d) Comprobar periódicamente que los elementos de apertura y cierre funcionan correctamente.

31. a) Dentro de las funciones del conserje se encuentra la custodia y control de llaves del edificio, para uso exclusivo del personal del centro, y en ningún caso para personas externas del centro.

32. d) En ningún caso.

Apertura y cierre de edificios y locales. Puesta en marcha y parada de instalaciones. Funcionamiento básico de los sistemas de seguridad de edificios e instalaciones. Extintores

1. No forma parte de la función de apertura de edificios:

a) Gestionar el servicio de guardarropas.
b) Inspeccionar visualmente los elementos estructurales de acceso exteriores.
c) Desconectar el sistema de alarma.
d) Encender las luces principales del edificio.

2. La puesta en marcha de instalaciones por parte del conserje comprende la puesta a punto y en servicio de… (Señala la opción incorrecta):

a) La calefacción o refrigeración de la sala.
b) Los ordenadores de los distintos puestos administrativos.
c) Los sistemas de ventilación exterior y/o interior.
d) La iluminación artificial y/o natural.

3. Son elementos de las instalaciones de climatización:

a) Los equipos de alumbrado de emergencia.
b) Los sistemas de prevención de sobretensiones y protección con pararrayos.
c) Las motobombas.
d) Los sistemas de abastecimiento de agua contra incendios.

4. Durante el proceso de apertura del edificio, el conserje…(indica la respuesta incorrecta):

a) Conectará la alarma.
b) Revisará planta a planta las zonas de trabajo.
c) Comprobará la ausencia de incidencias.
d) Encenderá las luces del edificio.

5. Un gran edificio público de oficinas o servicios cuenta, por lo general, con un gran número de instalaciones. Las referidas a la Electricidad en Alta y Media Tensión son las siguientes excepto una, señala cuál:

a) Puestas a tierra.
b) Centros de Transformación (celdas de entrada/salida, protección, medida, transformadores y salidas en baja tensión).
c) Cuadros Generales de Distribución y Secundarios.
d) Líneas.

6. ¿A qué grupo de instalaciones pertenecen las motobombas?

a) Gas y/o gasóleo.
b) Climatización.
c) Fontanería y saneamiento.
d) Protección contra incendios.

7. El equipo de Voz y Datos incluye:

a) Equipos de audio y vídeo.
b) Proyectores.
c) Antenas de televisión.
d) Sistema de video conferencia.

8. Un técnico va a realizar un servicio de mantenimiento de las redes de distribución. El conserje deberá conocer la ubicación de las instalaciones donde dirigir al personal técnico, que serán las de:

a) Fontanería y saneamiento.
b) Sistemas de alimentación ininterrumpida.
c) Electricidad de Baja Tensión.
d) Protección contra incendios.

9. En el caso de tener que realizar obras necesarias de albañilería en elementos constructivos tales como repaso y reparación de goteras y filtraciones, etc., el Conserje:

a) Las realizará dentro de su jornada laboral.
b) Solicitará el material necesario para poder realizar tales obras.
c) No corresponde al Conserje el mantenimiento técnico de las instalaciones.
d) Redactará un informe al término de la realización de las obras.

10. A la finalización de la jornada laboral y para el cierre de edificios, ¿qué debe hacer el conserje?

a) Abandonar el edificio.
b) Conectar la alarma.

c) Realizar una ronda completa de inspección.
d) Cerrar las principales puertas de acceso.

11. Al finalizar la jornada laboral, el conserje encargado del cierre del edificio:

a) Desconectará la alarma y cerrará la puerta de acceso.
b) Comprobará que las luces están apagadas y los grifos cerrados.
c) Mantendrá activo el termostato de la calefacción y/o el aire acondicionado.
d) Emitirá una señal acústica de aviso de cierre.

12. Los elementos dispuestos en los puntos de acceso para que se utilicen como entrada al edificio por las personas empleadas públicas, usuarias y visitantes, de forma que canalicen la entrada por los lugares indicados y restrinjan el paso, para que sea utilizado solo por personal autorizado, se denominan:

a) Tornos.
b) Arcos.
c) Lectores.
d) Fichadores.

13. ¿Con qué propósito se utilizan los sistemas electrónicos de identificación automática de personas en los puntos de control de acceso?

a) Complementar las funciones de los elementos de cerramiento (puertas y cerraduras) mediante automatismos, sensores de movimiento, accionamientos, etc.
b) Identificar a las personas mediante documento personal.
c) Realizar un listado estadístico de visitantes.
d) Establecer un sistema de credencial personal.

14. El sistema de control de accesos es:

a) La medida preventiva de seguridad consistente en la supervisión y regulación del tránsito de personas a través de una o varias zonas, áreas o dependencias de un determinado lugar.
b) El conjunto de subsistemas encargados de controlar únicamente la entrada de personas por puntos de acceso determinados.
c) La medida preventiva de seguridad consistente en la supervisión y regulación del tránsito de personas, vehículos y objetos a través de una o varias zonas, áreas o dependencias de un determinado lugar.
d) El conjunto de subsistemas encargados de controlar la entrada de personas, vehículos, correspondencia y paquetería por puntos de acceso determinado.

15. La ronda de seguridad a realizar en la apertura y cierre del edificio ¿es una función del conserje?

a) Sí.
b) Solo si se retribuye el complemento de peligrosidad.

c) Siempre que no haya personal de seguridad.
d) No.

16. Desconectar el sistema de alarma es una función:

a) Del conserje.
b) Del personal de seguridad.
c) De la persona a la que el manual de prevención de riesgos laborales haya designado.
d) De la primera persona en acceder a las dependencias.

17. El emplazamiento de los extintores permitirá que sean fácilmente visibles y accesibles, estarán situados próximos a los puntos donde se estime mayor probabilidad de iniciarse el incendio, a ser posible próximos a las salidas de evacuación y preferentemente sobre soportes fijados a paramentos verticales, de modo que la parte superior del extintor quede, como máximo, a:

a) 1,20 metros sobre el suelo.
b) 1,70 metros sobre el suelo.
c) 1 metro sobre el suelo.
d) Ninguna de las respuestas es correcta.

18. Las bocas de incendio equipadas (BIE) se situarán, siempre que sea posible, a una distancia máxima de la salida de cada sector, de:

a) 5 metros.
b) 10 metros.
c) 15 metros.
d) 20 metros.

19. La separación máxima entre cada boca de incendio equipada (BIE) y su más cercana será de:

a) 10 metros.
b) 25 metros.
c) 50 metros.
d) 75 metros.

20. Según el Real Decreto 513/2017, de 22 de mayo, por el que se aprueba el Reglamento de instalaciones de protección contra incendios y la norma UNE-EN2, para un fuego de clase C, utilizaremos un agente extintor:

a) Específico para fuegos de metales.
b) Específico para fuegos de materiales sólidos, generalmente de naturaleza orgánica, cuya combinación se realiza normalmente por la formación de brasas.
c) Específico para fuegos de gases.
d) Específico para fuegos de líquidos o de sólidos licuables.

21. La caducidad de las mantas ignífugas no podrá exceder de:

a) 5 años.
b) 10 años.
c) 15 años.
d) 20 años.

22. Conforme al *Real Decreto 485/1997, de 14 de abril, sobre disposiciones mínimas en materia de señalización de seguridad y salud en el trabajo,* las señales relativas a los equipos de lucha contra incendios tienen forma rectangular o cuadrada y un pictograma blanco sobre fondo:

a) Verde.
b) Azul.
c) Rojo.
d) Naranja.

23. Los detectores de rotura de cristal son recomendables en:

a) Superficies acristaladas discontinuas.
b) Salidas de emergencia.
c) Cámaras acorazadas.
d) Salas de máquinas.

24. Según el *Decreto 94/2014, de 27 de mayo, por el que se aprueba la norma técnica para la protección de edificios públicos de uso administrativo ante el riesgo de intrusión,* los lectores de tarjetas son dispositivos encargados de controlar el acceso a las zonas de uso restringido que se determine, en los edificios catalogados como:

a) RB-1 y RM-2
b) RE-5 y RA-4.
c) RE-5.
d) RM-2 y RA-3

25. El control de vehículos permite controlar de forma remota la entrada de los vehículos a la zona de aparcamiento. Se implantará para los edificios catalogados como RE-5, RA-4 y RA-3 siempre que esta zona sea utilizada exclusivamente por el órgano y tenga una capacidad para, al menos:

a) 10 vehículos.
b) 30 vehículos.
c) 50 vehículos.
d) 100 vehículos.

Solución al test n.º 11

1. a) Gestionar el servicio de guardarropas.

2. b) Los ordenadores de los distintos puestos administrativos.

3. c) Las motobombas.

4. a) Conectará la alarma.

5. c) Cuadros Generales de Distribución y Secundarios.

6. b) Climatización.

7. d) Sistema de video conferencia.

8. d) Protección contra incendios.

9. c) No corresponde al Conserje el mantenimiento técnico de las instalaciones.

10. c) Realizar una ronda completa de inspección.

11. b) Comprobará que las luces están apagadas y los grifos cerrados.

12. a) Tornos.

13. a) Complementar las funciones de los elementos de cerramiento (puertas y cerraduras) mediante automatismos, sensores de movimiento, accionamientos, etc.

14. d) El conjunto de subsistemas encargados de controlar la entrada de personas, vehículos, correspondencia y paquetería por puntos de acceso determinado.

15. a) Sí.

16. a) Del conserje.

17. a) 1,20 metros sobre el suelo.

18. a) 5 metros.

19. c) 50 metros.

20. c) Específico para fuegos de gases.

21. d) 20 años.

22. c) Rojo.

23 a) Superficies acristaladas discontinuas.

24. b) RE-5 y RA-4.

25. a) 10 vehículos.

Depósito, entrega, recogida y distribución de correspondencia y objetos

1. ¿Cuál de los siguientes envíos postales se considera también un envío de correspondencia?

a) Libros.
b) Tarjetas postales.
c) Catálogos.
d) Diarios y publicaciones periódicas.

2. Los envíos postales, en tanto no lleguen a poder del destinatario:

a) Son propiedad del servicio postal.
b) Son propiedad del destinatario una vez depositados por el remitente.
c) Son propiedad del remitente.
d) Carecen de propietario.

3. Cualquier servicio consistente en la recogida, la admisión, la clasificación, el transporte, la distribución y la entrega de envíos postales, es:

a) Un servicio postal.
b) Un servicio universal.
c) Un servicio postal universal.
d) Un servicio estándar de correspondencia.

4. Se incluye en el ámbito del servicio postal universal las actividades de recogida, admisión, clasificación, transporte, distribución y entrega de cartas y tarjetas postales que contengan comunicaciones escritas en cualquier tipo de soporte:

a) Sin excepción.
b) De hasta 2 kg de peso.
c) De entre 100 y 1000 gramos.
d) De hasta 10 kg de peso.

5. Cada servicio integrado en el servicio postal universal incluirá la recogida, admisión, clasificación, tratamiento, curso, transporte, distribución y entrega de:

a) Paquetes postales cuyo peso no exceda de 2 kilogramos.
b) Cartas y tarjetas postales de hasta 10 kilogramos de peso.
c) Cartas y tarjetas postales de hasta 5 kilogramos de peso.
d) Paquetes postales cuyo peso no exceda de 20 kilogramos.

6. ¿Quién tiene la condición de operador designado por el Estado para prestar el servicio postal universal?

a) La Sociedad Estatal Correos y Telégrafos, Sociedad Anónima.
b) Cualquier operador postal con base en territorio español que lo solicite.
c) Las reglas de la competencia impiden que el Estado pueda designar un operador.
d) Correos y Telégrafos es el operador prestador del servicio postal universal por derecho propio, no por designación.

7. ¿Qué artículo de la Constitución garantiza el secreto de las comunicaciones y, en especial, de las postales, telegráficas y telefónicas?

a) El artículo 16.
b) El artículo 19.
c) El artículo 14.
d) El artículo 18.

8. Los envíos postales son:

a) Personales.
b) Cerrados.
c) Inviolables.
d) Normalizados.

9. ¿Cuál de estas condiciones no es propia de una carta?

a) Carácter actual.
b) Envío cerrado.
c) Comunicación materializada en forma escrita sobre soporte físico de cualquier naturaleza.
d) Contenido conocido.

10. ¿Cuál de estas condiciones no es propia de una tarjeta postal?

a) Pieza rectangular de cartulina consistente o material similar.
b) Que circule en sobre abierto.
c) Que circule al descubierto.
d) Que contenga un mensaje de carácter actual y personal.

11. Señalar la opción incorrecta:

a) La indicación del término de "*tarjeta postal*" en los envíos individuales no implica esta clasificación postal a menos que tenga carácter actual y personal.

b) Los envíos de recibos, facturas, documentos de negocios, estados financieros y cualesquiera otros mensajes que no sean idénticos, tienen la consideración de cartas.

c) Se entiende por envío postal el envío con destinatario, preparado en la forma definitiva en la que deba ser transportado por el operador del servicio postal universal.

d) No podrán constituir paquetes postales los lotes o agrupaciones de las cartas o cualquier otra clase de correspondencia actual y personal.

12. Para que un envío sea considerado de publicidad directa deberá remitirse:

a) A un mínimo de 500 destinatarios.

b) A un mínimo de 1000 destinatarios.

c) A un mínimo de 100 destinatarios.

d) A una pluralidad de destinatarios.

13. ¿Cuál de estas características no es propia de los envíos de publicidad directa?

a) Que su distribución se efectúe en sobre abierto, para facilitar la inspección postal.

b) Que esté formado por cualquier comunicación que consista únicamente en anuncios, estudios de mercado o publicidad.

c) Que en su cubierta figure la expresión "*P. D.*" a efectos de facilitar la identificación de estos envíos.

d) Que no se dirijan a destinatarios concretos sino a zonas de reparto en particular.

14. Señalar la opción correcta:

a) Para que un envío pueda considerarse catálogo ha de remitirse a más de 200 destinatarios.

b) El material fonográfico y videográfico tendrá el mismo tratamiento que los libros.

c) La distribución de catálogos se hará en sobre cerrado a diferencia de los envíos de publicidad directa.

d) Para que un envío se considere "*libro*" ha de tratarse de publicaciones encuadernadas.

15. De acuerdo con su régimen de prestación, los servicios postales se clasifican en:

a) Servicios prestados en régimen ordinario y servicios prestados en régimen de servicio especial.

b) Servicios prestados en régimen general y servicios prestados en régimen de servicio extraordinario.

c) Servicios prestados en régimen individual y servicios prestados en régimen de servicio colectivo.

d) Servicios prestados en régimen normal y servicios prestados en régimen de servicio especializado.

16. ¿Dónde se consignará la palabra "CERTIFICADO" (o la etiqueta al uso) en los envíos certificados que circulen en el ámbito nacional?

a) En el ángulo superior izquierdo del anverso del envío.
b) En el ángulo superior derecho del anverso del envío.
c) En el ángulo superior izquierdo del reverso del envío.
d) En el centro de la parte superior del anverso del envío.

17. ¿Cuál de las siguientes afirmaciones es correcta?

a) La notificación es un requisito de validez del acto administrativo.
b) La recepción de un envío certificado se garantiza mediante la firma del destinatario o una persona autorizada.
c) Cuando se practique la notificación en el domicilio de la persona interesada y no se halle presente esta en el momento de la entrega, se intentará una segunda notificación dentro de los 3 días siguientes y en la misma franja horaria.
d) Los servicios de recogida, admisión, clasificación, entrega, tratamiento, curso, transporte y distribución de los envíos interurbanos y transfronterizos, certificados o no, de las cartas y de las tarjetas postales, siempre que su peso sea igual o inferior a 500 gramos, no podrán considerarse rápidos cuando el precio efectivamente cobrado por ellos no sea, al menos, tres veces superior al montante de la tarifa pública correspondiente para los envíos ordinarios de objetos de la primera escala de peso de la categoría normalizada más rápida.

18. Los envíos postales con naturaleza de carta, dirigidos a personas fallecidas:

a) Serán destruidos en presencia de notario y del representante legal de los herederos.
b) Serán entregados a sus herederos o a aquellos que tengan la administración de la herencia.
c) Quedarán depositados en la oficina de destino, desde la que, si es posible, se enviará consulta al remitente para que este autorice su entrega a los herederos u opte por su recuperación.
d) Se devolverán con carácter ordinario al remitente.

19. Señala la opción incorrecta. Según el Título II de la Ley 43/2010, de 30 de diciembre, del servicio postal universal, los derechos de los usuarios y del mercado postal son los siguientes:

a) Secreto de las comunidades postales.
b) Protección de datos.
c) Detención arbitraria.
d) Inviolabilidad de los envíos postales.

20. Una comunicación formal de un acto administrativo, de la que se hace depender la eficacia de aquel, es:

a) Un certificado.
b) Un acuse de recibo.

c) Un telegrama.
d) Una notificación.

21. En el ámbito nacional, no puede acompañarse de un servicio adicional de acuse de recibo, el servicio de:

a) Notificación.
b) Giro postal.
c) Paquete azul.
d) Carta ordinaria.

22. Señala la opción incorrecta. Los telegramas:

a) Son una transmisión segura e inmediata.
b) Tiene valor de prueba ante jueces y tribunales.
c) El destinatario recibe el escrito original.
d) El servicio de Correos otorga una copia certificada al remitente que lo solicite, como prueba legal frente a terceros.

23. En cuanto al formato de letra, en los datos del destinatario de una carta normalizada:

a) Se procurará superponer los caracteres, o que al menos estén en contacto.
b) Se procurará inscribir los caracteres en letra cursiva.
c) Se utilizarán caracteres con una altura entre 2 y 8 mm.
d) Se utilizarán caracteres con espesores muy gruesos.

24. El servicio consistente en el previo pago de una cantidad predeterminada a tanto alzado para establecer una garantía fija contra los riesgos de pérdida, sustracción o deterioro del envío son:

a) Giros.
b) Certificados.
c) Notificaciones.
d) Reembolsos.

25. Consiste en que la entrega de un envío al destinatario se realiza previo abono por parte de este de la cantidad que figura en el envío (la que quiere cobrar el remitente del envío):

a) El servicio de giro postal.
b) El servicio de reembolso.
c) El servicio de valor declarado.
d) El servicio de certificado.

26. El importe mínimo a cobrar en domicilio(mediante giro ordinario) por un servicio de reembolso es de:

a) 0,01 €.
b) 1 €.
c) 10 €.
d) 20 €.

27. El plazo para el cobro de los giros en destino termina:

a) El día 20 del mes siguiente al de su imposición o el posterior hábil, si aquel fuere festivo.
b) El día 25 del mes siguiente al de su imposición o el anterior hábil, si aquel fuere festivo.
c) El día 25 del mes siguiente al de su imposición o el posterior hábil, si aquel fuere festivo.
d) El último día del mes siguiente al de su imposición o el posterior hábil, si aquel fuere festivo.

28. Previa exhibición del correspondiente resguardo, podrá reclamarse el importe de los giros por parte del remitente o de sus legítimos derechohabientes:

a) Antes del día 25 del mes siguiente al de su imposición, o el posterior hábil.
b) Durante el plazo de tres meses desde la fecha de imposición.
c) Durante el plazo de un año desde la fecha de imposición.
d) Durante el plazo de dos años desde la fecha de imposición.

29. El peso máximo de un paquete azul es:

a) 2 kg.
b) 5 kg.
c) 10 kg.
d) 20 kg.

30. El peso máximo de un envío en el servicio de PAQ ESTÁNDAR es de:

a) 10 kg.
b) 20 kg.
c) 30 kg.
d) 50 kg.

31. Consiste en el abono de la tarifa o el precio que corresponde aplicar a un envío postal para su circulación por la red postal pública:

a) El franqueo.
b) El certificado.

c) La franquicia.
d) El sellado.

32. No es un medio de pago alternativo a los sistemas de franqueo:

a) El franqueo de pago diferido.
b) El franqueo en destino.
c) Las impresiones de máquinas de franquear.
d) El franqueo con impresora láser.

33. Señalar la opción incorrecta:

a) El franqueo de los envíos postales puede efectuarse simultáneamente con sellos de correo y estampaciones realizadas con máquinas de franquear.
b) Los troqueles, tarjetas vale, precintos de garantía u otros medios de control de uso de una máquina de franquear serán confeccionados por el suministrador que determine el operador al que se ha encomendado la prestación del servicio postal universal.
c) El franqueo, mediante sellos, requerirá su incorporación a la cubierta del envío de que se trate, adhiriéndose siempre que sea posible, en una única fila horizontal, en el ángulo superior derecho de la misma en que figura la dirección.
d) En el lado de la dirección de los envíos podrán adherirse sellos de correos o etiquetas de servicio, e incluso viñetas o etiquetas benéficas, publicitarias o de cualquier otra clase, siempre que lleven impreso las palabras «*España*» y «*Correos*».

34. Los sellos o signos distintivos que estén incorporados a la cubierta del envío postal servirán de franqueo:

a) Siempre que estén oficialmente emitidos y la venta de la cubierta se efectúe previamente a la realización del franqueo.
b) Siempre que estén oficialmente emitidos, siendo la venta de la cubierta y la realización del franqueo efectuadas simultáneamente.
c) Siempre que no contengan imágenes o expresiones ofensivas o prohibidas por el operador designado para el servicio postal universal.
d) No se admiten para su circulación por la red postal pública, envíos con sellos o signos distintivos previamente estampados.

35. En cuanto al franqueo de los envíos postales por impresiones de máquinas de franquear, es cierto que:

a) Este procedimiento de franqueo puede aplicarse a cualquier tipo de correspondencia, incluida la correspondencia asegurada.
b) Solo se podrá autorizar a entidades públicas o privadas a la utilización de máquinas de franquear, pero no a personas físicas.
c) Los troqueles, tarjetas vale, precintos de garantía u otros medios de control de uso de la máquina serán confeccionados por el suministrador que determine el operador al que se ha encomendado la prestación del servicio postal universal.
d) Este procedimiento de franqueo no podrá utilizarse en el caso de objetos cuyas dimensiones no permitan la estampación o impresión directa.

36. ¿De qué plazo dispone el operador al que se ha encomendado la prestación del servicio postal universal para contestar a una solicitud para la utilización de máquinas de franquear?

a) Un mes desde la recepción de la misma.
b) Dos meses contados desde la recepción de la misma.
c) La autorización para la utilización de máquinas de franquear corresponde al Ministerio de Fomento.
d) Tres meses desde la fecha de emisión de la solicitud.

37. Los envíos postales destinados a circular por el territorio nacional que ingresen en la red pública postal sin franqueo o con franqueo insuficiente deberán abonar en concepto de insuficiencia de franqueo, como mínimo:

a) 0,10 €.
b) El doble del franqueo que correspondía.
c) El doble de la insuficiencia.
d) Cinco veces la insuficiencia producida.

38. El operador designado para el servicio postal universal deberá comunicar a la Comisión Nacional del Sector Postal tanto el establecimiento de nuevos precios como la modificación de los precios ya vigentes de los servicios prestados con obligaciones de servicio público con una antelación a la fecha prevista para su aplicación de, al menos:

a) Un mes.
b) Dos meses.
c) Tres meses.
d) Cinco meses.

39. Estará exento del pago del precio el siguiente servicio prestado por el operador designado para la prestación del servicio postal universal:

a) Los envíos entre Administraciones Públicas.
b) Las notificaciones.
c) Los envíos reexpedidos.
d) Los envíos de cecogramas.

40. El reparto de los envíos en la dirección postal en ellos consignada, constituye:

a) La entrega.
b) El depósito.
c) La distribución.
d) El curso y transporte.

41. El destinatario o la persona autorizada podrá rehusar una carta en el momento de la entrega:

a) Antes de leerla, una vez abierta.
b) Antes de abrirla.
c) Después de leerla, si el envoltorio lo permite.
d) Las cartas no son rehusables.

42. Señalar la opción incorrecta:

a) Si el destinatario de un objeto certificado no pudiera o no supiera firmar, lo hará en su lugar el operario postal, debidamente identificado.
b) Se entregará en oficina la correspondencia dirigida a dicha dependencia o aquella que, por ausencia u otra causa justificada, no se hubiese podido entregar en el domicilio.
c) Se entenderán autorizados por el destinatario para recibir los envíos postales, de no constar expresa prohibición, las personas mayores de edad presentes en su domicilio que sean familiares suyos o mantengan con él una relación de dependencia o convivencia.
d) El destinatario o la persona autorizada que se haga cargo del envío postal tendrá que identificar su personalidad, ante el empleado del operador postal que efectúe la entrega, mediante la exhibición de su documento nacional de identidad, pasaporte, permiso de conducción o tarjeta de residencia, salvo notorio conocimiento del mismo.

43. ¿Cuándo podrá realizarse la entrega de envíos postales en los casilleros domiciliarios instalados al efecto?

a) Solo cuando el destinatario se encuentre ausente y se trate de correspondencia de publicidad directa.
b) Cuando el destinatario lo haya solicitado previamente por escrito.
c) Siempre que se trate de envíos normalizados.
d) Siempre que se trate de envíos de carácter ordinario y sus dimensiones lo permitan.

44. Este sistema de franqueo permite que los sobres o embalajes que contengan los envíos postales incorporen el precio o tarifa de la prestación postal:

a) Franqueo de pago diferido.
b) Prepago.
c) Franqueo en destino.
d) Estampillas de franqueo.

45. ¿Cuántas cartas podrá remitir un preso en caso que se le decrete la intervención de la correspondencia?

a) Sin límite, siempre que se envíen en sobre abierto.
b) Una carta a la semana.
c) Dos cartas a la semana.
d) Dos cartas al mes.

46. La recepción por parte del operador postal de envío que le es confiado por el remitente para la realización del proceso postal integral y del que se hace responsable en los términos previstos reglamentariamente, se conoce como:

a) Depósito.
b) Entrega.
c) Correspondencia.
d) Admisión.

47. El operador u operadores designados por el Estado para la prestación del servicio postal universal deberán realizar, al menos, con independencia de la densidad de población e incluso en zonas rurales:

a) Una recogida en los puntos de acceso a la red postal todos los días laborables, de lunes a viernes.
b) Una recogida en los puntos de acceso a la red postal, una vez a la semana.
c) Una recogida en los puntos de acceso a la red postal todos los días laborables, de lunes a sábado.
d) Una recogida en los puntos de acceso a la red postal todos los días, de lunes a viernes.

48. Las dimensiones máximas de una carta en sobre, son:

a) Largo + Alto + Ancho = 200 cm, sin que la mayor dimensión exceda de 100 cm.
b) Largo + Alto + Ancho = 200 cm, sin que la mayor dimensión exceda de 105 cm.
c) Largo + Alto + Ancho = 90 cm, sin que la mayor dimensión exceda de 60 cm.
d) Largo + Alto + Ancho = 100 cm, sin que la mayor dimensión exceda de 60 cm.

49. ¿Cuál de los siguientes requisitos para que una carta ordinaria, tarjeta postal, carta certificada, carta certificada urgente, notificación, publicorreo o publibuzón, no es correcto para que puedan considerarse envíos normalizados?

a) Formato rectangular. En sobre o en forma de tarjeta.
b) Color del sobre: blanco o colores claros (amarillo, beige o azul).
c) Formato de letra: altura de los caracteres entre 2 y 8 mm (evitar superposición o contacto entre caracteres) fuente de tipos comerciales en uso, evitando fuentes artísticas, cursiva, subrayados y espesores muy finos o muy gruesos (impresión en negro o color oscuro, evitando tintas fluorescentes).
d) Sobres con ventanilla: las dimensiones de la ventanilla y la holgura interna entre sobre y carta permitirán, en cualquier caso, la lectura completa del bloque de dirección.

50. Las dimensiones mínimas de una carta normalizada son:

a) 14 x 9 cm.
b) 23,5 x 12 cm.
c) 15 x 8 cm.
d) 17 x 10 cm.

51. Un envío que por sus características (formato y dimensiones) permite ser manipulado automáticamente, ya sea en el franqueo o en la clasificación, es un envío:

a) Estándar.
b) Formalizado.
c) Reglamentario.
d) Normalizado.

52. Los envíos con dimensiones inferiores a las mínimas deberán llevar una etiqueta anexa en la que figuren la dirección y el franqueo de:

a) 10 x 7 cm.
b) 9 x 6 cm.
c) 12,5 x 10,5 cm.
d) 8 x 5 cm.

53. El peso máximo unitario de un envío normalizado es de:

a) 15 gramos.
b) 20 gramos.
c) 30 gramos.
d) 40 gramos.

54. Las dimensiones máximas de Carta, Carta Certificada, Carta Certificada Urgente, Notificación, Publicorreo, Publibuzón, Libros y Publicaciones Periódicas, en forma de tubo o rollo, son:

a) Largo + 2 veces el diámetro = 104 cm, sin que la mayor dimensión exceda de 90 cm.
b) Largo = 100 cm, diámetro = 15 cm.
c) Largo + 2 veces el diámetro = 100 cm, sin que la mayor dimensión exceda de 70 cm.
d) Largo + 2 veces el diámetro = 17 cm, sin que la mayor dimensión sea inferior a 10 cm.

55. ¿Cuál de los siguientes colores claros no se permite en un envío normalizado?

a) Amarillo.
b) Naranja.
c) Verde.
d) Azul.

56. ¿Cuáles son las dimensiones máximas recomendadas de una carta urgente?

a) 220 x 135 mm. Espesor 10 mm.
b) 235 x 120 mm. Espesor 10 mm.
c) 255 x 140 mm. Espesor 15 mm.
d) 230 x 125 mm. Espesor 5 mm.

Solución al test n.º 12

1. b) Tarjetas postales.

2. c) Son propiedad del remitente.

3. a) Un servicio postal.

4. b) De hasta 2 kg de peso.

5. d) Paquetes postales cuyo peso no exceda de 20 kilogramos.

6. a) La Sociedad Estatal Correos y Telégrafos, Sociedad Anónima.

7. d) El artículo 18.

8. c) Inviolables.

9. d) Contenido conocido.

10. b) Que circule en sobre abierto.

11. a) La indicación del término de "tarjeta postal" en los envíos individuales no implica esta clasificación postal a menos que tenga carácter actual y personal.

12. d) A una pluralidad de destinatarios.

13. d) Que no se dirijan a destinatarios concretos sino a zonas de reparto en particular.

14. b) El material fonográfico y videográfico tendrá el mismo tratamiento que los libros.

15. a) Servicios prestados en régimen ordinario y servicios prestados en régimen de servicio especial.

16. a) En el ángulo superior izquierdo del anverso del envío.

17. b) La recepción de un envío certificado se garantiza mediante la firma del destinatario o una persona autorizada.

18. c) Quedarán depositados en la oficina de destino, desde la que, si es posible, se enviará consulta al remitente para que este autorice su entrega a los herederos u opte por su recuperación.

19. c) Detención arbitraria.

20. d) Una notificación.

21. d) Carta ordinaria.

22. c) El destinatario recibe el escrito original.

23. c) Se utilizarán caracteres con una altura entre 2 y 8 mm.

24. b) Certificados.

25. b) El servicio de reembolso.

26. a) 0,01 €.

27. c) El día 25 del mes siguiente al de su imposición o el posterior hábil, si aquel fuere festivo.

28. d) Durante el plazo de dos años desde la fecha de imposición.

29. d) 20 kg.

30. c) 30 kg.

31. a) El franqueo.

32. d) El franqueo con impresora láser.

33. d) En el lado de la dirección de los envíos podrán adherirse sellos de correos o etiquetas de servicio, e incluso viñetas o etiquetas benéficas, publicitarias o de cualquier otra clase, siempre que lleven impreso las palabras «España» y «Correos».

34. b) Siempre que estén oficialmente emitidos, siendo la venta de la cubierta y la realización del franqueo efectuadas simultáneamente.

35. c) Los troqueles, tarjetas vale, precintos de garantía u otros medios de control de uso de la máquina serán confeccionados por el suministrador que determine el operador al que se ha encomendado la prestación del servicio postal universal.

36. b) Dos meses contados desde la recepción de la misma.

37. c) El doble de la insuficiencia.

38. c) Tres meses.

39. d) Los envíos de cecogramas.

40. a) La entrega.

41. b) Antes de abrirla.

42. a) Si el destinatario de un objeto certificado no pudiera o no supiera firmar, lo hará en su lugar el operario postal, debidamente identificado.

43. d) Siempre que se trate de envíos de carácter ordinario y sus dimensiones lo permitan.

44. b) Prepago.

45. c) Dos cartas a la semana.

46. d) Admisión.

47. a) Una recogida en los puntos de acceso a la red postal todos los días laborables, de lunes a viernes.

48. c) Largo + Alto + Ancho = 90 cm, sin que la mayor dimensión exceda de 60 cm.

49. b) Color del sobre: blanco o colores claros (amarillo, beige o azul).

50. a) 14 x 9 cm.

51. d) Normalizado.

52. a) 10 x 7 cm.

53. b) 20 gramos.

54. a) Largo + 2 veces el diámetro = 104 cm, sin que la mayor dimensión exceda de 90 cm.

55. d) Azul.

56. b) 235 x 120 mm. Espesor 10 mm.

TEST N.º 13

Almacenamiento y traslado de materiales y enseres. Traslado de cargas

1. El almacenamiento de los productos sueltos, es decir, de aquellos que no están estructurados en forma de unidades de carga, se llama:

a) Almacenamiento en bloque.
b) Almacenamiento a granel.
c) Almacenamiento desordenado.
d) Almacenamiento caótico.

2. ¿Cuál de los siguientes métodos de almacenamiento permite un índice de optimización del espacio empleado del almacén del 100 %?

a) Almacenamiento en bloque mediante estanterías móviles.
b) Almacenamiento con pasillos utilizando carretillas trilaterales.
c) Almacenamiento con pasillos utilizando carretillas elevadoras contrapesadas.
d) Almacenamiento en bloque compacto.

3. La altura máxima de almacenamiento de materiales rígidos lineales es:

a) 3 metros.
b) 6 metros.
c) 10 metros.
d) 12 metros.

4. La altura máxima de carga sobre palet debe ser de:

a) 1,5 metros.
b) 3 metros.
c) 3,5 metros.
d) 6 metros.

5. La carga máxima conjunta recomendada en el almacenamiento mediante paletizado es:

a) 300 kg.
b) 500 kg.

c) 700 kg.
d) 1000 kg.

6. ¿Cuáles son los dos tipos de sistemas de almacenamiento en estanterías metálicas?

a) Almacenamiento cruzado y almacenamiento lineal.
b) Almacenamiento vertical y almacenamiento horizontal.
c) Almacenamiento rígido y almacenamiento flexible.
d) Almacenamiento móvil y almacenamiento estático.

7. No es un elemento del bastidor de una estantería metálica:

a) Puntal.
b) Diagonal.
c) Travesaño.
d) Placa base.

8. No es un paso recomendado para levantar una carga:

a) Planificar el levantamiento.
b) Agarre firme.
c) Evitar giros.
d) Levantamiento rápido.

9. Un instrumento manual con horquillas que eleva la carga unos pocos centímetros, lo justo para moverla, es:

a) El apilador.
b) La transpaleta.
c) La carretilla.
d) La plataforma con ruedas.

10. Un polipasto es:

a) Un sistema de poleas.
b) Una carretilla.
c) Un apilador.
d) Una transpaleta.

11. Respecto a la inclinación del tronco en la manipulación manual de cargas, es correcto afirmar que:

a) La manipulación de una carga vigilando el centro de gravedad disminuye el riesgo de lesión en la zona.
b) La postura correcta al manejar una carga es con el tronco inclinado.

c) La postura correcta al manejar una carga es con la espalda derecha.
d) La técnica de levantamiento de la carga no afecta para una correcta manipulación.

12. En general, el peso máximo que se recomienda no sobrepasar en la manipulación manual de cargas es de:

a) 25 kg.
b) 30 kg.
c) 50 kg.
d) 20 kg.

13. Unas condiciones ideales de manipulación manual de cargas incluyen:

a) Levantamientos rápidos y continuados.
b) Espalda inclinada hacia delante.
c) Manejo de la carga sin giros ni inclinaciones.
d) Sujeción del objeto con una posición de la muñeca en ángulo de 90º.

14. En relación con la manipulación manual de cargas, la primera obligación del empresario es:

a) La formación e información de los trabajadores.
b) La vigilancia de la salud.
c) Evaluar los riesgos.
d) Evitar la manipulación manual.

15. A efectos prácticos, la Guía Técnica para la evaluación y prevención de los riesgos derivados de la manipulación manual de cargas considera carga a los objetos de:

a) Más de 1 kg.
b) Más de 3 kg.
c) Más de 5 kg.
d) Menos de 60 kg.

16. El riesgo de lesión será menor:

a) Cuanto más alejada esté la carga del cuerpo.
b) Cuanto más se gire el tronco.
c) Cuanto menor sea la frecuencia de la manipulación.
d) Cuanto menor sea el tiempo de descanso entre manipulaciones.

17. La Guía Técnica para la evaluación y prevención de los riesgos derivados de la manipulación manual de cargas recomienda que la profundidad de la carga no supere:

a) Los 25 cm.
b) Los 35 cm.

c) Los 60 cm.
d) Los 90 cm.

18. Según la Guía Técnica para la evaluación y prevención de los riesgos deri-vados de la manipulación manual de cargas, desde el punto de vista preventivo, lo ideal es no transportar la carga una distancia superior a:

a) 1 metro.
b) 3 metros.
c) 5 metros.
d) 10 metros.

19. Cuando los trayectos de manipulación manual de cargas no superan los 10 metros, el peso máximo acumulado transportado en una jornada de 8 horas de tra-bajo será de:

a) 3.000 kg.
b) 6.000 kg.
c) 10.000 kg.
d) 12.000 kg.

20. Se recomienda que en locales interiores el rango de temperaturas para tra-bajos ligeros se encuentre entre:

a) 10º y 30º.
b) 14º y 25º.
c) 5º y 35º.
d) 20º y 24º.

21. ¿Cuál de las siguientes acciones en la manipulación manual de cargas es correcta?

a) Doblar las piernas manteniendo en todo momento la espalda derecha, y mantener el mentón metido. No flexionar demasiado las rodillas.
b) Juntar los pies para proporcionar una postura estable y equilibrada para el levan-tamiento.
c) Girar el tronco antes de cambiar de dirección.
d) Sujetar firmemente la carga empleando ambas manos y separarla del cuerpo.

22. Según la Guía Técnica para la evaluación y prevención de los riesgos deri-vados de la manipulación manual de cargas, aquellas cargas sin asas que pueden sujetarse flexionando la mano 90º alrededor de la carga, se consideran de:

a) Agarre óptimo.
b) Agarre bueno.
c) Agarre regular.
d) Agarre malo.

23. El desplazamiento vertical ideal de una carga es de:

a) Hasta 25 cm.
b) Hasta 50 cm.
c) Hasta 100 cm.
d) Hasta 175 cm.

24. Cuando se maneja una carga entre dos personas la capacidad de levantamiento es:

a) La suma de sus capacidades individuales.
b) Dos tercios de la mayor de las capacidades de los dos trabajadores.
c) Dos tercios de la suma de sus capacidades individuales.
d) La mitad de la suma de sus capacidades individuales.

25. La Guía Técnica recomienda que no se deberían manipular cargas en postura sentada (siempre que sea en una zona próxima al tronco, evitando manipular cargas a nivel del suelo o por encima del nivel de los hombros y giros e inclinaciones del tronco) de más de:

a) 3 kilos.
b) 5 kilos.
c) 10 kilos.
d) 15 kilos.

26. El stock de un almacén es:

a) La cantidad de mercancías que se tienen en depósito.
b) La variedad, o referencias, o artículos que tiene una empresa.
c) La cantidad de bienes adquiridos por la empresa destinados a la venta sin transformación.
d) El sistema de control que la empresa realiza sobre el tráfico de las existencias.

27. Las existencias que se almacenan debido a que no es posible predecir siempre con exactitud el programa de ventas y producción de un producto determinado, constituyen un:

a) Stock de anticipación.
b) Stock por fluctuación.
c) Stock sobrante.
d) Stock por tamaño de lote.

28. ¿Cuál de los siguientes métodos de valoración de existencias se basa en costes históricos?

a) FIFO.
b) LIFO.

c) PMP.
d) NIFO.

29. El documento que expide el comprador cuando solicita productos al proveedor es:

a) El albarán.
b) El pedido.
c) La factura.
d) La nota de abono.

30. El documento que acredita la entrega de un pedido, sin necesidad de indicar la cantidad a pagar como contraprestación, es:

a) El albarán.
b) El pedido.
c) La factura.
d) La nota de abono.

Solución al test n.º 13

1. b) Almacenamiento a granel.

2. d) Almacenamiento en bloque compacto.

3. b) 6 metros.

4. a) 1,5 metros.

5. c) 700 kg.

6. d) Almacenamiento móvil y almacenamiento estático.

7. c) Travesaño.

8. d) Levantamiento rápido.

9. b) La transpaleta.

10. a) Un sistema de poleas.

11. c) La postura correcta al manejar una carga es con la espalda derecha.

12. a) 25 kg.

13. c) Manejo de la carga sin giros ni inclinaciones.

14. d) Evitar la manipulación manual.

15. b) Más de 3 kg.

16. c) Cuanto menor sea la frecuencia de la manipulación.

17. b) Los 35 cm.

18. a) 1 metro.

19. c) 10.000 kg.

20. b) 14 y 25º.

21. a) Doblar las piernas manteniendo en todo momento la espalda derecha, y mantener el mentón metido. No flexionar demasiado las rodillas.

22. c) Agarre regular.

23. a) Hasta 25 cm.

24. c) Dos tercios de la suma de sus capacidades individuales.

25. b) 5 kilos.

26. a) La cantidad de mercancías que se tienen en depósito.

27. b) Stock por fluctuación.

28. c) PMP.

29. b) El pedido.

30. a) El albarán.

TEST N.º 14

Manejo de máquinas reproductoras, multicopistas, fax, encuadernadoras y otras análogas. Trabajos de oficina

1. Para horadar o perforar hojas con objeto de introducirlas en archivadores AZ, utilizaremos:

a) La ensobradora.
b) La guillotina.
c) La taladradora.
d) La cizalla.

2. ¿Qué tipo de escáner se utiliza para escanear elementos frágiles?

a) De rodillo.
b) De tambor.
c) De cama plana.
d) Cenital.

3. Son máquinas reproductoras:

a) Las guillotinadoras.
b) Las encuadernadoras.
c) Los escáneres.
d) Las plastificadoras.

4. Las fotocopiadoras electroestáticas se caracterizan porque:

a) Usan papel normal.
b) El documento original es barrido por un rayo de luz intensa que proyecta la imagen sobre un tambor por donde se distribuye el tóner, que adhiriéndose a la zona donde hay imagen, reproduce el original.

c) La imagen se transfiere al papel que, al calentarse, fija el pigmento sobre la copia.

d) La imagen a reproducir se proyecta directamente sobre el papel especial cuya superficie queda sensibilizada con cargas eléctricas.

5. La medida 420 x 297 mm corresponde a un:

a) A3.
b) A4.
c) B5.
d) B1.

6. En la fase de calentamiento de la fotocopiadora, ¿pueden realizarse copias?

a) Únicamente en las fotocopiadoras profesionales.
b) Sí.
c) No.
d) A veces se pueden realizar en las fotocopiadoras personales.

7. El fax funciona a través de:

a) La línea eléctrica.
b) La línea telefónica.
c) El módem.
d) Ondas de radio.

8. Si vamos a realizar fotocopias sin servirnos del alimentador recirculante de originales, ¿cómo dejaremos la cubierta superior de la máquina?

a) Preferiblemente abierta.
b) Cerrada.
c) Necesariamente abierta.
d) Si la cubierta superior no está cerrada, la máquina no funciona.

9. ¿Qué máquinas hacen al papel inservible e ilegible?

a) Las máquinas destructoras.
b) Las máquinas fresadoras.
c) Las taladradoras.
d) Las cizallas.

10. De las siguientes, es una impresora de impacto:

a) La impresora láser.
b) La impresora multifunción.
c) La impresora de inyección de tinta.
d) La impresora de margarita.

11. Las encuadernadoras:

a) Son máquinas capaces de obtener una copia exacta de un documento original mediante un proceso electrostático.
b) Son máquinas cuya función es la destrucción de papel, de forma que quede absolutamente inservible e ilegible.
c) Se utilizan para ordenar y presentar adecuadamente los documentos, clasificándolos e incorporándoles portadas.
d) Se utilizan para plastificar documentos, con objeto de preservarlos de manchas o del deterioro.

12. La plancha tipográfica en la que se ha reproducido una composición o un grabado para su posterior impresión, se llama:

a) Tóner.
b) Reset.
c) Starter.
d) Cliché.

13. El tóner es:

a) La "tinta" de la fotocopiadora.
b) El alimentador de la fotocopiadora.
c) El sistema de transporte de la fotocopiadora.
d) El tono de impresión requerido para una copia.

14. El "canutillo" es un tipo de:

a) Grapado.
b) Encuadernado.
c) Plastificado.
d) Franqueado.

15. La resma es:

a) Un tipo de papel.
b) Una medida tradicional para contar hojas de papel.
c) Un formato de papel.
d) El papel sobrante después del guillotinado.

16. Los escáneres de las fotocopiadoras son del tipo:

a) Escáneres de rodillo.
b) Escáneres de mano.
c) Escáneres cenitales.
d) Escáneres de cama plana.

17. ¿Qué impresora contiene una esfera con varios caracteres que gira hasta posicionar el carácter pretendido en frente de un pequeño martillo?

a) Impresora de margarita.
b) Impresora de agujas.
c) Impresora láser.
d) Impresora de línea.

18. ¿Qué tres colores utilizan las impresoras para hacer copias a color?

a) Negro, amarillo y cián.
b) Amarillo, cián y magenta.
c) Negro, cián y magenta.
d) Negro, blanco y magenta.

Solución al test n.º 14

1. c) La taladradora.

2. d) Cenital.

3. c) Los escáneres.

4. d) La imagen a reproducir se proyecta directamente sobre el papel especial cuya superficie queda sensibilizada con cargas eléctricas.

5. a) A3.

6. c) No.

7. b) La línea telefónica.

8. b) Cerrada.

9. a) Las máquinas destructoras.

10. d) La impresora de margarita.

11. c) Se utilizan para ordenar y presentar adecuadamente los documentos, clasificándolos e incorporándoles portadas.

12. d) Cliché.

13. a) La "tinta" de la fotocopiadora.

14. b) Encuadernado.

15. b) Una medida tradicional para contar hojas de papel.

16. d) Escáneres de cama plana.

17. a) Impresora de margarita.

18. b) Amarillo, cian y magenta.

TEST N.º 15

Régimen de precedencias y tratamientos honoríficos.
Preparación de reuniones

1. Piden al Ordenanza que prepare la sala de reuniones, ¿qué factor no tiene por qué tener en cuenta en relación con el local?

a) La acústica.
b) La calefacción.
c) La iluminación.
d) El estilo del mobiliario.

2. Señala la opción incorrecta. En cuanto a la relación con los materiales, el Ordenanza tendrá en cuenta:

a) Sillas cómodas y en cantidad suficiente.
b) Reloj que el público puede visualizar.
c) Fotocopiadora lo más alejada posible para evitar interferencias.
d) Hojas blancas o cuadernos para notas.

3. Tenemos distintas posibilidades de disponer el auditorio en función del tipo de reunión. Si encomiendan al Ordenanza que organice la sala presentando un grupo que facilite el contacto visual y promueve la interacción, colocará el auditorio:

a) Tipo sala de juntas.
b) Tipo herradura.
c) Tipo conferencia.
d) Tipo cabaret.

4. Para trabajar con grupos pequeños de forma informal, la sala se dispondrá en forma:

a) Mesa redonda.
b) Teatro.
c) Cabaret.
d) Herradura.

5. Una ventaja de las pizarras es que:

a) Son baratas y fáciles de mantener.
b) Con el tiempo no pierden el brillo.
c) Son muy adecuadas para la utilización de retroproyectores.
d) Al usarlas con tiza no producen manchas.

6. Las reuniones que se estructuran a partir de intereses o necesidades de la organización, se llaman:

a) Reuniones ordinarias.
b) Reuniones formales.
c) Reuniones internas.
d) Reuniones de información.

7. Los eventos organizados como congresos suelen constar de tres partes; señala la opción incorrecta:

a) Debate.
b) Conclusiones.
c) Taller.
d) Ponencias.

8. ¿En cuál de los siguientes tipos de eventos todos los participantes tienen el derecho y, en ocasiones, también la obligación de participar?

a) Seminario.
b) Simposio.
c) Conferencia.
d) Plenario.

9. En un Simposio:

a) No se realiza exposición de ideas sino que se trata más bien de una charla sobre un tema propuesto.
b) Los expositores no defienden sus posiciones sino que aportan información y conocimientos de aquello en lo que son expertos.
c) Se discute grupal e informalmente sobre un tema determinado.
d) Uno o varios especialistas exponen un tema, para seguidamente iniciar una discusión moderada por un coordinador.

10. ¿En qué tipo de disposición alrededor de una mesa, las presidencias (anfitrión e invitado de honor) se ubican en los extremos de la mesa?

a) Presidencia francesa.
b) Sistema del reloj.

c) Presidencia inglesa.
d) Mesa redonda.

11. ¿Qué medio audiovisual se conoce también como multiplán o rotafolio?

a) El papelógrafo.
b) El magnetógrafo.
c) El franelógrafo.
d) La pizarra.

12. Señala la opción incorrecta. Las normas de protocolo parten del supuesto básico de que existen diferencias entre personas. Estas diferencias se basan en:

a) Aspectos relacionados con la responsabilidad.
b) Aspectos relacionados con los honores adquiridos por méritos.
c) Aspectos intrínsecos de la persona como tal.
d) Aspectos relacionados con la representatividad del cargo.

13. La vexilología:

a) Explica y describe los escudos de armas de personas.
b) Estudia las banderas, pendones y estandartes.
c) Estudia los uniformes.
d) Estudia la simbología de los tratamientos protocolarios.

14. Señala la opción incorrecta. Tienen tratamiento de Excelentísimo Señor, Excmo./a Sr./Sra.:

a) Los Secretarios de Estado.
b) Presidente del Tribunal Constitucional.
c) Directores Generales.
d) Presidente del Tribunal de Cuentas.

15. El Alcalde de Madrid tiene tratamiento de:

a) Ilustrísimo.
b) Excelentísimo.
c) Señoría.
d) Ilustrísima Señoría.

16. Señala la respuesta incorrecta. Cuando se utilice la bandera de España, la colocaremos:

a) Ocupará siempre un lugar modesto y poco visible.
b) Si está junto a otras banderas, la de España ocupará un lugar preeminente.
c) Si está junto a otras banderas, las restantes no podrán tener mayor tamaño.
d) Si está junto a otras banderas, la de España ocupará un lugar de máximo honor.

Solución al test n.º 15

1. d) El estilo del mobiliario.

2. c) Fotocopiadora lo más alejada posible para evitar interferencias.

3. b) Tipo herradura.

4. c) Cabaret.

5. a) Son baratas y fáciles de mantener.

6. b) Reuniones formales.

7. c) Taller.

8. d) Plenario.

9. b) Los expositores no defienden sus posiciones sino que aportan información y conocimientos de aquello en lo que son expertos.

10. c) Presidencia inglesa.

11. a) El papelógrafo.

12. c) Aspectos intrínsecos de la persona como tal.

13. b) Estudia las banderas, pendones y estandartes.

14. c) Directores Generales.

15. b) Excelentísimo.

16. a) Ocupará siempre un lugar modesto y poco visible.

TEST N.º 16

Revisión y reposición de materiales, equipamiento e instalaciones. Subsanación de anomalías y desperfectos que no exijan especial cualificación técnica

1. Para hacer un taladro en la pared utilizaremos la broca de:

a) Hierro.
b) Widia.
c) Galvanizado.
d) Plomo.

2. Cuando hacemos mezcla de arena u otras sustancias con cal, cemento u otro aglomerante y agua, habremos hecho:

a) Azulejo.
b) Mortero.
c) Yeso.
d) Bovedilla.

3. ¿En cuál de los siguientes oficios se utiliza el mortero?

a) En fontanería.
b) En carpintería.
c) En pintura.
d) En albañilería.

4. Para extender masas de revoque y enlucidos, ¿qué herramienta de las siguientes utilizaremos?

a) Cincel.
b) Pisón.
c) Escaravel.
d) Llana.

5. ¿Cómo se llama al revestimiento o segunda mano que se da a los muros realizados con material para que presenten una superficie unida y tersa?

a) Revoco.
b) Enfoscado.
c) Enlucido.
d) Fratasado.

6. La herramienta de mango largo con una cabeza cuadrada y otra achatada se llama:

a) Pala.
b) Regla.
c) Piqueta.
d) Maza.

7. A la cantidad de mortero que se lanza con la paleta al paramento, de una sola vez, se llama:

a) Palada.
b) Remate.
c) Pellada.
d) Cajón.

8. Un instrumento con las cerdas dispuestas de forma plana, casi rectangular, se denomina:

a) Paletina.
b) Brocha.
c) Pincel.
d) Pincelillo.

9. El lijado de la madera:

a) Se realiza en el sentido de la veta.
b) Se realiza en el sentido contrario a la veta.
c) Se realiza en círculos.
d) Se realiza en el sentido de la veta y en el contrario dependiendo de si es en el exterior o en el interior.

10. Los martillos aplicados a la construcción de albañilería se llaman:

a) Piquetas.
b) Mazas y/o macetas.
c) Cortafríos.
d) Punzones.

11. ¿Qué otro nombre recibe la artesa?

a) Falsón.
b) Gobanilla.
c) Espuerta.
d) Cuezo o gaveta.

12. ¿Cuál de estas acciones no se debe realizar en techos suspendidos?

a) Realizar conducciones de agua por encima de él.
b) Realizar conducciones de gases por encima de él.
c) Pintarlos.
d) Colgar elementos pesados del techo.

13. El recipiente usado para amasar materiales de construcción es:

a) La artesa.
b) El carrillo.
c) La criba.
d) La espuerta.

14. El revestimiento continuo ejecutado con mortero de cemento, de cal o mixto para regularizar la superficie de soporte a fin de prepararla para un acabado posterior, recibe el nombre de:

a) Enfoscado.
b) Tendido.
c) Estuco.
d) Enlosado.

15. ¿Cuál de estos materiales es el empleado por el pintor para diluir la pintura?

a) Aceite.
b) Disolvente.
c) Lejía.
d) Gasóleo.

16. ¿Cuál de los siguientes tipos de yesos se emplea para enlucir las paredes?

a) Yeso blanco.
b) Escayola.
c) Yeso hidráulico.
d) Yeso negro.

17. Para fijar una lámpara en un falso techo, ¿qué tipo de taco utilizarías?

a) Taco de plástico.
b) Taco de clavar.
c) Taco vuelco.
d) Taco químico.

18. Tenemos que realizar un chapado y nos entregan una piedra abujardada. ¿A cuál de las siguientes definiciones corresponde abujardado?

a) Incisiones alargadas y paralelas con pica o puntero.
b) Alisado final con una lija o rascador.
c) Tratamiento con llana sobre superficie.
d) Golpes en la piedra lisa con un martillo con una cabeza provista de pequeños dientes piramidales. Confiere un acabado rugoso.

19. No es una herramienta de picado:

a) La piqueta.
b) El cincel.
c) El fratás.
d) El pico.

20. Las aguas vertidas a un sistema de desagüe o alcantarillado después de su uso doméstico o industrial se denominan:

a) Aguas pluviales.
b) Aguas residuales.
c) Fango.
d) Aguas potables.

21. Uno de los materiales muy utilizados en la construcción, sobre todo por su versatilidad, es el PVC. Señala el nombre completo al que corresponden estas siglas:

a) Policloruro de vinilo.
b) Polietielino versátil clorado.
c) Policloruro.
d) Plástico varios colores.

22. Para ajustar y sujetar tubos de fontanería emplearemos:

a) La llave allen.
b) La llave inglesa.
c) La llave grifa.
d) La llave escuadra.

23. Hoy en día, las canalizaciones de desagüe se hacen en material de:

a) Hormigón.
b) PVC.
c) Hierro.
d) Plomo.

24. ¿Para qué sirve un sifón?

a) Para evitar los malos olores.
b) Para cortar el agua.
c) Para evitar escape de agua.
d) Para cerrar el paso al agua del desagüe.

25. Las purgas de aire tratan de:

a) Conocer la presión del agua de la tubería.
b) Conocer la temperatura a la presión de tubería del agua.
c) Insertar las burbujas de aire en las tuberías.
d) Eliminar las burbujas de aire en las tuberías.

26. A la llave ajustable también se le conoce como:

a) Llave allen.
b) Llave inglesa.
c) Llave de cadena.
d) Llave fija.

27. ¿Qué es lo primero que hay que hacer ante una fuga de agua?

a) Llamar a los bomberos.
b) Poner toallas.
c) Cerrar la llave de paso.
d) Llamar al servicio de limpieza.

28. Las secciones de las ramas que se hallan incluidas dentro del tronco de la madera reciben el nombre de:

a) Bolsas.
b) Granos.
c) Vetas.
d) Nudos.

29. El carpintero, para efectuar cortes de ángulos de 45 y 90 grados, utilizará:

a) El granete.
b) El tornillo de banco.

c) La caja ingletadora.
d) La escofina.

30. ¿Qué clase de tablero se fabrica a partir de virutas de madera encoladas con resinas sintéticas?

a) Tablero de okumé.
b) Tablero de ébano.
c) Chapón marino.
d) Tablero de aglomerado.

31. Para hacer rebajes y agujeros se emplea:

a) La garlopa.
b) El formón.
c) Los sargentos.
d) El serrucho.

32. La sierra de calar se denomina también:

a) Sierra de costilla.
b) Sierra de vaivén.
c) Sierra circular.
d) Sierra de escuadra.

33. ¿Qué herramienta es un útil de apriete?

a) La espátula.
b) Los sargentos.
c) Las tenazas.
d) Los cuchillos.

34. La herramienta que se utiliza solo para hacer pequeños agujeros en madera o para iniciar el atornillado de un tirafondo se llama:

a) Rebajadora.
b) Barrena.
c) Fresadora.
d) Desbastadora.

35. Los formones con hoja de sección curva reciben el nombre de:

a) Gubia.
b) Escoplo.
c) Escantillón.
d) Cartabón.

36. ¿Qué es un ensamble?

a) Es el acoplamiento de la cabeza del martillo con el mango.
b) Es encolar una chapa de madera en la cara de un tablero.
c) Es el acoplamiento de dos piezas en ángulo.
d) Es encolar una chapa de madera al canto de un tablero.

37. ¿Qué es un guillame?

a) Es un útil para golpear.
b) Es un cepillo estrecho cuya hoja tiene la misma anchura que la base.
c) Es un serrucho con hojas recambiables.
d) Es un gato para el encolado de cantos.

38. Conforme al sistema de accionamiento de una ventana, una guillotina es:

a) La que se desliza verticalmente mediante guías, poleas y contrapesos.
b) La que gira verticalmente por medio de pivotes en el centro.
c) La que está suspendida horizontalmente con pivotes el centro.
d) La que tiene la hoja con bisagra fija y se abre en sentido ascendente o descendente.

39. La herramienta idónea para apretar y desmontar tuercas es:

a) Aboquinador.
b) Ensanchador.
c) Alicates.
d) Llaves.

40. ¿Cuáles son los colores de los cables, con los que se identifican las fases en los circuitos trifásicos de corriente alterna?

a) Negro, marrón y gris.
b) Verde, rojo y amarillo.
c) Violeta, malva y celeste.
d) Negro, marrón y verde amarillo.

41. ¿Qué es lo primero que hay que hacer cuando vamos a proceder a la reparación de un enchufe?

a) Comprobar si tiene tres hilos.
b) Desconectar la corriente.
c) Quitar los tornillos.
d) Comprobar la conexión de los cables.

42. ¿Qué es el ICP?

a) Interruptor diferencial.
b) Interruptor de cruce.
c) Interruptor común polivalente.
d) Interruptor de control de potencia.

43. Los fusibles sirven para:

a) Interrumpir la corriente cuando hay sobrecarga.
b) Limitar la fuerza de la corriente.
c) Alumbrar en caso de emergencia.
d) Contabilizar el paso de la corriente.

44. ¿A qué nos referimos cuando hablamos del triscado de una hoja de sierra?

a) A la distancia que serramos en un minuto.
b) A la distancia que hay entre 3 dientes.
c) Es el ancho de la sierra.
d) A la ondulación o cruzado de los dientes.

45. Si estamos utilizando pintura plástica para su disolución y limpieza de los utensilios emplearemos:

a) Aguarrás.
b) Agua.
c) Aceite.
d) Decapante.

46. Para eliminar un barniz en la madera se utiliza:

a) Agua con lejía.
b) Jabón y agua.
c) Decapante.
d) Desengrasante.

Solución al test n.º 16

1. b) Widia.

2. b) Mortero.

3. d) En albañilería.

4. d) Llana.

5. c) Enlucido.

6. c) Piqueta.

7. c) Pellada.

8. a) Paletina.

9. a) Se realiza en el sentido de la veta.

10. b) Mazas y/o macetas.

11. d) Cuezo o gaveta.

12. d) Colgar elementos pesados del techo.

13. a) La artesa.

14. a) Enfoscado.

15. b) Disolvente.

16. a) Yeso blanco.

17. c) Taco vuelco.

18. d) Golpes en la piedra lisa con un martillo con una cabeza provista de pequeños dientes piramidales. Confiere un acabado rugoso.

19. c) El fratás.

20. b) Aguas residuales.

21. a) Policloruro de vinilo.

22. c) La llave grifa.

23. b) PVC.

24. a) Para evitar los malos olores.

25. d) Eliminar las burbujas de aire en las tuberías.

26. b) Llave inglesa.

27. c) Cerrar la llave de paso.

28. d) Nudos.

29. c) La caja ingletadora.

30. d) Tablero de aglomerado.

31. b) El formón.

32. b) Sierra de vaivén.

33. b) Los sargentos.

34. b) Barrena.

35. a) Gubia.

36. c) Es el acoplamiento de dos piezas en ángulo.

37. b) Es un cepillo estrecho cuya hoja tiene la misma anchura que la base.

38. a) La que se desliza verticalmente mediante guías, poleas y contrapesos.

39. d) Llaves.

40. a) Negro, marrón y gris.

41. b) Desconectar la corriente.

42. d) Interruptor de control de potencia.

43. a) Interrumpir la corriente cuando hay sobrecarga.

44. d) A la ondulación o cruzado de los dientes.

45. b) Agua.

46. c) Decapante.

Descripción, funcionamiento y mantenimiento básico de aparatos eléctricos en edificios, proyectores, sistemas de sonido, sistemas de megafonía, etcétera.

1. Cuando en una reunión se quieren usar transparencias, ¿qué aparato debes preparar?

a) Pizarra.
b) Vídeo.
c) Aparato proyector.
d) Cartelógrafos.

2. Transmite audio estéreo y codificado en Dolby Digital y DTS:

a) Conector DVI.
b) Conector Firewire.
c) Cable UTP.
d) Conector XLR.

3. Por regla general, ¿cuál es el tamaño máximo de de los impresos a proyectar en un proyector de opacos?

a) 10 x 10 cm.
b) 3 x 3 cm.
c) 25 x 25 cm.
d) 50 x 50 cm.

4. ¿Cuál de las siguientes tecnologías de proyección está basada en diodos de emisión de luz?

a) LCD.
b) DLP.
c) LED.
d) LCoS.

5. El grado de nitidez de una imagen proyectada en una pantalla es:

a) El contraste.
b) El brillo.
c) La ratio de aspecto.
d) La resolución.

6. La unidad de medida del brillo de los proyectores es:

a) El lumen.
b) El lux.
c) El píxel.
d) El ohmio.

7. El conjunto de *hardware* y *software* que permite la conexión simultánea en tiempo real por medio de imagen y sonido que hacen relacionarse e intercambiar información de forma interactiva a personas que se encuentran geográficamente distantes, como si estuvieran en un mismo lugar de reunión, se conoce como:

a) La pizarra electrónica.
b) La pantalla acústica.
c) La videoconferencia.
d) El diaporama.

8. Los bafles son:

a) Amplificadores.
b) Un tipo de micrófonos.
c) Ecualizadores.
d) Altavoces.

9. Al conjunto de elementos tecnológicos que se acoplan y utilizan para aumentar el volumen del sonido en lugares de gran concurrencia de personas, se le denomina:

a) Equipo de sonido.
b) Sistema audiovisual.
c) Sistema de megafonía.
d) Sistema de alarma y emergencia.

10. ¿Cómo se llama el conector que tiene 15 pines en tres filas de 5 cada una?

a) HDMI.
b) DVI.
c) Euroconector.
d) VGA o RGB.

11. Es el típico conector de antena que se emplea como portador de la información recogida por la antena y que va al televisor, y también de la tensión continua requerida por los amplificadores de antena:

a) Conector aerial o RF.
b) RCA.
c) Euroconector.
d) JACK.

12. Conecta un dispositivo móvil con un proyector de forma inalámbrica para la reproducción de todo tipo de contenidos:

a) RCA.
b) iProjection.
c) I-link.
d) Conector aerial.

13. Conexión estándar para conectar periféricos *plug and play* (enchufar y listo), generalmente a un PC:

a) HDMI.
b) JACK.
c) USB.
d) S-Video.

14. Cuando tenemos un cable con 3 conectores RCA, normalmente el amarillo es para:

a) El canal R.
b) Vídeo.
c) El canal L.
d) El brillo.

Solución al test n.º 17

1. c) Aparato proyector.

2. d) Conector XLR.

3. c) 25 x 25 cm.

4. c) LED.

5. d) La resolución.

6. a) El lumen.

7. c) La videoconferencia.

8. d) Altavoces.

9. c) Sistema de megafonía.

10. d) VGA o RGB.

11. a) Conector aerial o RF.

12. b) iProjection.

13. c) USB.

14. b) Vídeo.

SUPUESTOS PRÁCTICOS

Supuesto sobre atención al público

A lo largo de la semana han sido muchos y muy variados los tipos de personas con los que ha tenido que tratar el ordenanza o conserje Vicente como parte de sus funciones de atención al público.

En todo caso, Vicente se ha esforzado por dar un trato respetuoso y adecuado para que cada persona fuera convenientemente atendida por el motivo que le acercó a la Administración. Para ello, Vicente ha tenido que ajustar su trato a las características de cada ciudadano y posibilitar así la mejor comunicación posible.

En lo que va de mañana, Vicente ha atendido a 8 ciudadanos, que nombraremos por sus nombres de pila y que mostraban las siguientes características:

- El ciudadano Andrés era negativista, poco objetivo y creía en todo momento que tenía la verdad absoluta.

- El ciudadano Benito era muy reservado, se mostraba asustado e inseguro y prefería escuchar en vez de hablar.

- El ciudadano Carlos se mostraba exigente, avasallando e insultando repetidamente, además parecía muy susceptible.

- La ciudadana Dolores era muy desconfiada, aguda y crítica, poniéndolo todo en entredicho.

- El ciudadano Eduardo era muy hablador, abierto y comunicativo. Se salía mucho del tema y era muy impulsivo.

- La ciudadana Francisca era muy crítica y meticulosa. Preguntaba mucho y se le veía muy insegura.

- La ciudadana Gloria hablaba muy poco, iba directamente al asunto con muy poca diplomacia y mucha frialdad. Se mostraba bastante desorientada.

- Por último, el ciudadano Hugo se ha mostrado muy orgulloso, engreído y altivo, creyéndose que lo sabía todo.

En un primer lugar, intentando comprender cómo lo ha percibido Vicente, debemos identificar cada tipo de ciudadanos que se ha dirigido a él a partir de las características observadas. No se trata de poner etiquetas a cada persona sin más, sino, más bien, de entender cómo actúa la persona que tenemos delante para saber dar el mejor tipo de respuesta a cada persona según las características que presentan.

Cuestiones

1. Por las características mencionadas entendemos que Andrés es una persona:

a) Excitable.
b) Escéptica.
c) Inquisitiva.
d) Irrazonable.

2. Por las características mencionadas entendemos que Benito es una persona:

a) Escéptica.
b) Tímida.
c) Silenciosa.
d) Entendida.

3. Por las características mencionadas entendemos que Carlos es una persona:

a) Excitable.
b) Inquisitiva.
c) Presuntuosa.
d) Irrazonable.

4. Por las características mencionadas entendemos que Dolores es una persona:

a) Entendida.
b) Silenciosa.
c) Escéptica.
d) Irrazonable.

5. Por las características mencionadas entendemos que Eduardo es una persona:

a) Excitable.
b) Presuntuosa.
c) Habladora.
d) Entendida.

¿Qué tipo de trato ha tenido que dar Vicente en cada caso para que cada persona viera satisfecha y eficazmente cumplida su necesidad de información y de servicio que le trajo a la Administración? En cada caso nombraremos tres tipos de respuestas que podría haber dado Vicente; tenemos que identificar la más acertada en función del comportamiento que mostraba cada ciudadano. Todas las respuestas mencionadas pueden parecer buenas, pero se trata de señalar aquella en la que hay que apoyarse más:

6. Ante el comportamiento de Dolores, es conveniente:

a) Tener paciencia y perseverancia.
b) Darle conocimientos técnicos.
c) Encauzarle en el tema.
d) Dar detalles.

7. Ante el comportamiento de Eduardo, es conveniente:

a) No competir con él.
b) Pasarse a su bando.
c) Permanecer impasible.
d) Ser breve y cortés.

8. Ante el comportamiento de Francisca, es conveniente:

a) Mostrar calma.
b) Brevedad y cortesía.
c) No contradecirse.
d) Ir al grano.

9. Ante el comportamiento de Gloria, es conveniente:

a) Permanecer impasible.
b) Mantenerse firme.
c) Dar garantías.
d) Llevar la iniciativa.

10. Ante el comportamiento de Hugo, es conveniente:

a) Mostrar amabilidad.
b) Tratarle en reservado.
c) Competir con él.
d) Evitar adularle.

El resto de la jornada, Vicente se encuentra trabajando en la centralita de la institución. Todas las llamadas recibidas en el puesto de contestación son señalizadas tanto óptica como acústicamente; si mientras Vicente está atendiendo a un ciudadano entra una nueva llamada, esta se señalizará de una forma óptica exclusivamente. Mientras atiende el teléfono un usuario interno ha solicitado a Vicente una comunicación urbana, pero el abonado deseado no contesta y Vicente le dice al usuario que vuelva a intentarlo pasado un tiempo.

Pasada una hora, Vicente debe ausentarse unos minutos del puesto de contestación y nadie puede suplirle momentáneamente en su ausencia, por lo que decide descolgar el teléfono hasta su vuelta.

Un Jefe de Sección pregunta a Vicente cuál es el procedimiento a seguir para localizar el número telefónico de un abonado de una localidad distinta a la capital de la provincia. Vicente cuenta para ello con una guía telefónica de la provincia.

11. Si el número de llamada externo que Vicente ha solicitado está ocupado:

a) El número se activará cuantas veces se desee mediante su reclamación.
b) Marcará insistentemente sin dar paso a nuevas llamadas para atender al usuario.
c) Mandará al usuario al teléfono público más cercano para que lo siga intentando.
d) Queda eximido de seguir intentándolo.

12. ¿Puede Vicente ausentarse de la centralita?

a) No, no puede abandonar su puesto de trabajo bajo ningún concepto.
b) Derivará las llamadas recibidas hacia otro puesto de contestación de reserva.
c) Descolgará el teléfono mientras se ausente y nadie notará su marcha.
d) Sí, siempre que sea en la franja de la jornada que menos llamadas se reciben.

13. ¿Cómo buscará Vicente al abonado solicitado en la guía telefónica?

a) Buscará directamente el primer apellido en las últimas páginas de la guía.
b) Primero debe localizar la población.
c) En la guía aparece una única relación de abonados de la provincia, independientemente de la población. Por tanto, primero debe hacer una búsqueda alfabética del primer apellido y a partir de ahí buscar por el segundo apellido.
d) Su función es hacer la llamada pero no buscar un número de teléfono.

14. La voz de Vicente al atender el teléfono, debe ser:

a) Apagada.
b) Clara.
c) Castellanizada.
d) Robótica.

15. La actitud de Vicente ha de ser en todo momento:

a) Positiva.
b) Personal.
c) Inflexible.
d) Distante.

16. En la comunicación telefónica, Vicente guardará silencio cuando:

a) Quiera zanjar el asunto.
b) Esté seguro de que ha dicho todo lo que tenía que decir.
c) No esté de acuerdo con lo que dice su interlocutor.
d) El cliente le habla.

17. Cuando Vicente recibe una llamada que estaba en espera:

a) Hablará rápidamente para atender lo antes posible al usuario.
b) Explicará al cliente por qué está esperando.
c) Se identificará con su nombre.
d) Le dará prioridad sobre cualquier otro asunto que pueda surgir durante la comunicación.

18. Vicente atiende telefónicamente, hablando de forma muy técnica a un usuario que llama al Organismo. ¿Se puede afirmar que está usando un lenguaje correcto?

a) Sí, la ley le obliga a usar siempre un lenguaje técnico y preciso.
b) Sí.
c) No, ya que un lenguaje correcto tiene que ser muy coloquial.
d) No, ya que un lenguaje correcto no tiene por qué ser muy técnico.

19. Vicente atiende telefónicamente a un usuario que llama al Organismo. El usuario pregunta por otro empleado de la Institución que no se encuentra en ese momento en el edificio. Señale la opción correcta de la acción de Vicente al usuario:

a) Le notificará el tiempo que lleva fuera y dará explicaciones de por qué no está.
b) Le colgará amablemente y con cortesía, sin dar ningún tipo de explicación ni información.
c) Tomará nota de la llamada y el motivo.
d) Le pasará la llamada a otro funcionario para que también lo atienda y así el usuario vea que se le ha mostrado interés.

20. Vicente atiende a un usuario que se persona en el edificio. El alterado usuario pretende comunicar una queja o reclamación a la entidad. ¿Qué no debe hacer Vicente?

a) Adoptar una actitud positiva y huyendo de la pasividad o falta de interés.
b) Permitir expresarse al usuario y darle las condiciones correctas para que se traslade su problema.
c) Evitar que la reclamación surta efecto, convenciendo al usuario de que no insista ya que es negativo para la Entidad.
d) Encaminarle a la ventanilla o dependencia a la que ha de dirigirse.

21. No se incluye dentro de las funciones de atención al ciudadano:

a) Recepción y acogida.
b) Asistencia a los ciudadanos en el ejercicio del derecho de petición recogido en los artículos 29 y 77 de la Constitución Española.
c) Gestión en relación con los procedimientos administrativos.
d) Estimación de recursos administrativos y reconocimiento de derechos.

22. Informar a un ciudadano de la documentación que debe adjuntar a una solicitud para acceder a una determinada prestación que se tramita en una concreta unidad administrativa forma parte de:

a) Función de recepción y acogida.
b) Función de gestión.
c) Función de orientación e información.
d) Función de recepción de sugerencias e iniciativas.

23. Uno de los derechos del ciudadano ante la administración pública es el derecho a la información. La ciudadanía tiene derecho a acceder, a ver o a consultar, los archivos y registros administrativos:

a) Siempre, no existen casos donde la información esté restringida.
b) Siempre que la documentación tenga una antigüedad de 5 años
c) Siempre que no afecten a la seguridad y defensa del Estado, la averiguación de los delitos y la intimidad de las personas.
d) Siempre que no afecten a la seguridad y defensa del Estado.

24. La información de tipo general a la Administración se puede solicitar:

a) Únicamente por escrito.
b) Mediante instancia presentada en el registro general.
c) Por escrito y de manera verbal.
d) Verbalmente, por teléfono o por escrito, e incluso telemáticamente.

25. Cuando Vicente ocupe un puesto de recepción o portería en una dependencia municipal y un ciudadano se dirija a él le contestará:

a) Amistosamente.
b) Diplomáticamente.
c) Amablemente.
d) Secamente.

Solución al supuesto n.º 1

1. d) Irrazonable.

Son personas irrazonables los que presentan las siguientes características: negativistas, poco objetivos y creen tener la verdad absoluta.

2. b) Tímida.

Son personas tímidas las que presentan las siguientes características: reservados, asustados e inseguros y prefieren escuchar.

3. a) Excitable.

Son personas excitables las que presentan las siguientes características: avasallan e insultan, son exigentes y muy susceptibles.

4. c) Escéptica.

Son personas escépticas las que presentan las siguientes características: son desconfiados, agudos y críticos y ponen todo en entredicho.

5. c) Habladora.

Son personas habladoras las que presentan las siguientes características: hablan mucho, se salen del tema y son muy impulsivos, abiertos y comunicativos.

6. a) Tener paciencia y perseverancia.

Las personas escépticas deben ser tratadas con paciencia y perseverancia, sinceridad y dando garantías.

7. d) Ser breve y cortés.

Las personas habladoras deben ser tratadas de forma amable y abierta, encauzándoles el tema, siendo breve y cortés.

8. c) No contradecirse.

Las personas inquisitivas deben ser tratadas con paciencia, aportando conocimientos técnicos y dando detalles, sin contradecirse.

9. d) Llevar la iniciativa.

Las personas silenciosas deben ser tratadas llevando la iniciativa, con brevedad y cortesía.

10. a) Mostrar amabilidad.

Las personas presuntuosas deben ser tratadas con humildad, amabilidad y adulación.

11. a) El número se activará cuantas veces se desee mediante su reclamación.

El número de llamada externo marcado en último lugar puede almacenarse, en caso de que el abonado deseado esté ocupado o no conteste, y activarse cuantas veces se desee mediante su reclamación.

12. b) Derivará las llamadas recibidas hacia otro puesto de contestación de reserva.

Desde el puesto de contestación se pueden derivar las llamadas recibidas, cuando por razones de ausencia no puedan atenderse, hacia otro puesto de contestación de reserva. En ciertos lugares, durante la noche o ciertas horas, se activa el servicio nocturno.

13. b) Primero debe localizar la población.

Para la localización de un abonado en la guía telefónica hay que tener en cuenta que los apellidos de los abonados se ordenan alfabéticamente.

Los pasos para encontrar el número del abonado son los siguientes:

1. Si el número que buscamos pertenece a un abonado de la capital de provincia o de una localidad.

2. En el primer caso, ir a la sección "Relación de clientes de la capital" y fijarse en el primer apellido del abonado ya que en el margen superior de la guía aparecerán dos apellidos donde el primero corresponde al primer apellido que aparece en la página par, y el segundo al último apellido que aparece en la página impar.

3. En el caso de buscar el número de un abonado en una localidad, tendremos que irnos a la sección final de la guía, y esta vez en el cabecero de la guía aparecerán las localidades en vez de los apellidos.

14. b) Clara.

Como regla general en la atención telefónica, nuestra voz deberá ser agradable, natural, clara y armoniosa, no regresiva. No deberá ser monótona, apagada, brusca. Además, cuando hablemos, lo haremos con nitidez, articulando bien las palabras y a una velocidad normal.

15. a) Positiva.

Como regla general en la atención telefónica, nuestra actitud ha de ser en todo momento positiva y profesional. Las respuestas agradables transforman situaciones negativas en positivas. Hay que reflejar entusiasmo, confianza en nosotros mismos, deseos de ayudar, formalidad, seriedad y sinceridad.

16. d) El cliente le habla.

Como regla general en la atención telefónica, cuando el cliente nos habla deberemos guardar silencio aplicando las técnicas de escucha activa, con la finalidad de que el ciudadano aprecie que no solo lo estamos oyendo sino escuchando.

17. b) Explicará al cliente por qué está esperando.

Como regla general, una vez que la llamada ha pasado la centralita y llega a su destino final, tras saludar, conviene explicar al cliente por qué está esperando (p. ej.: buscamos información).

18. d) No, ya que un lenguaje correcto no tiene por qué ser muy técnico.

Como regla general en la atención telefónica, hay que evitar usar términos desconocidos o que puedan generar confusión en los clientes; hay que ser claros y precisos en la elección de nuestras palabras. Los ciudadanos no suelen estar acostumbrados a los tecnicismos; por ello convendría evitar emplearlos. En el caso de que fueran imprescindibles, explicaremos con claridad lo que estamos diciendo y las posibles repercusiones que pueda tener sobre el cliente.

19. c) Tomará nota de la llamada y el motivo.

Como regla general en la atención telefónica, si el usuario pregunta por otro empleado que no está, le preguntaremos si le podemos ayudar nosotros. Si no fuese posible, le preguntaríamos si no le importa esperar un momento para ver si le localizamos. En caso de que fuese imposible, tomaríamos nota de su llamada y motivo.

20. c) Evitar que la reclamación surta efecto, convenciendo al usuario de que no insista ya que es negativo para la Entidad.

Cualquiera que sea el origen de una reclamación, el objetivo a alcanzar por nuestra parte es la satisfacción del cliente, por lo que nunca hay que negarse a recibir cualquier tipo de reclamación.

21. d) Estimación de recursos administrativos y reconocimiento de derechos.

El artículo 4 del Real Decreto 208/1996, señala que la atención personalizada al ciudadano comprenderá las funciones siguientes:

a) De recepción y acogida a los ciudadanos, al objeto de facilitarles la orientación y ayuda que precisen en el momento inicial de su visita, y, en particular, la relativa a la localización de dependencias y funcionarios.

b) De orientación e información, cuya finalidad es la de ofrecer las aclaraciones y ayudas de índole práctica que los ciudadanos requieren sobre procedimientos, trámites, requisitos y documentación para los proyectos, actuaciones o solicitudes que se propongan realizar, o para acceder al disfrute de un servicio público o beneficiarse de una prestación.

Esta forma de facilitar a los ciudadanos el ejercicio de sus derechos, en ningún caso podrá entrañar una interpretación normativa, ni consideración jurídica o económica, sino una simple determinación de conceptos, información de opciones legales o colaboración en la cumplimentación de impresos o solicitudes.

c) De gestión, en relación con los procedimientos administrativos, que comprenderá la recepción de la documentación inicial de un expediente cuando así se haya dispuesto reglamentariamente, así como las actuaciones de trámite y resolución de las cuestiones cuya urgencia y simplicidad demanden una respuesta inmediata.

d) De recepción de las iniciativas o sugerencias formuladas por los ciudadanos, o por los propios empleados públicos para mejorar la calidad de los servicios, incrementar el rendimiento o el ahorro del gasto público, simplificar trámites o suprimir los que sean innecesarios, o cualquier otra medida que suponga un mayor grado de satisfacción de la sociedad en sus relaciones con la Administración General del Estado y con las entidades de derecho público vinculadas o dependientes de la misma.

e) De recepción de las quejas y reclamaciones de los ciudadanos por las tardanzas, desatenciones o por cualquier otro tipo de actuación irregular que observen en el funcionamiento de las dependencias administrativas.

f) De asistencia a los ciudadanos en el ejercicio del derecho de petición, reconocido por los artículos 29 y 77 de la Constitución.

22. c) Función de orientación e información.

La finalidad de la función de orientación e información es finalidad es la de ofrecer las aclaraciones y ayudas de índole práctica que los ciudadanos requieren sobre procedimientos, trámites, requisitos y documentación para los proyectos, actuaciones o solicitudes que se propongan realizar, o para acceder al disfrute de un servicio público o beneficiarse de una prestación.

23. c) Siempre que no afecten a la seguridad y defensa del Estado, la averiguación de los delitos y la intimidad de las personas.

El artículo 105.b de la Constitución Española estableció que la Ley regularía el acceso de los ciudadanos a los archivos y registros administrativos, salvo en lo que afecte a:

– La seguridad y defensa del Estado.

– La averiguación de los delitos.

– La intimidad de las personas.

24. d) Verbalmente, por teléfono o por escrito, e incluso telemáticamente.

La solicitud podrá presentarse por cualquier medio que permita tener constancia de:

a) La identidad del solicitante.

b) La información que se solicita.

c) Una dirección de contacto, preferentemente electrónica, a efectos de comunicaciones.

d) En su caso, la modalidad que se prefiera para acceder a la información solicitada.

25. c) Amablemente.

La tarea de informar requiere, no solo conocer perfectamente en qué dependencia el público ha de realizar cada una de sus gestiones y dónde se ubica, sino también una gran capacidad de saber escuchar y de saber decir. El estilo asertivo es considerado el más efectivo y equilibrado. La persona expresa sus ideas, sentimientos y necesidades de manera clara, directa y respetuosa (amable), sin agredir ni someterse a los demás.

SUPUESTO N.º 2

Supuesto sobre correspondencia

1. A Claudia Moreno, que trabaja en la sede central de un organismo público, se le entrega un sobre cerrado con algún tipo de escrito en su interior para ser enviado como carta ordinaria. ¿Puede ese envío ser considerado como carta?

a) Sí, puesto que va cerrado y su contenido no se indica ni puede conocerse.
b) Solo si así se manifiesta expresamente en el propio sobre.
c) No, ya que al ir cerrado no se puede verificar que el mensaje tenga carácter actual y personal.
d) Sí, si se remite en un sobre normalizado.

2. En cuanto a sus dimensiones, para ser admitida como carta ordinaria:

a) La mayor dimensión no podrá exceder de 90 cm.
b) La suma del largo + ancho + alto no superará los 90 cm.
c) La suma del largo + ancho + alto no superará los 60 cm.
d) La menor dimensión no podrá ser inferior a 10 cm.

3. Un jefe de sección le hace entrega a Claudia, que trabaja en la sede central de un organismo público, una saca con 800 envíos ya ensobrados y cumplimentados para que los franquee y deposite en la oficina de Correos. Claudia observa que en la cubierta de todos ellos figura la expresión "P. D.", que los identifica como:

a) Paquete discrecional.
b) Publicidad directa.
c) Propiedad departamental.
d) Prioridad directivo.

4. Un director de área quiere enviar aproximadamente a 1.000 empresas el catálogo editado por el organismo informando de los nuevos servicios puestos en marcha en sobres normalizados cerrados. ¿Cuál de las siguientes características no es válida para que estos envíos circulen como catálogos?

a) Remitirse a más de 500 destinatarios.
b) Que en su cubierta figure la leyenda "catálogos" a efectos de facilitar la identificación de estos envíos.

c) Que se distribuyan en sobres cerrados.

d) Que los 1.000 envíos tengan un mensaje similar, aunque el nombre, la dirección y el número de identificación que se asigne a cada destinatario sean distintos en cada caso.

5. Si en los envíos de catálogos se incluye en el envoltorio una nota de carácter personal para cada una de las empresas destinatarias, el envío:

a) Podrá seguir ostentando la consideración postal de catálogo.

b) Será considerado publicidad directa.

c) Será considerado paquete postal.

d) Deberá circular como carta.

6. ¿Cuál de los siguientes envíos no puede acompañarse del servicio de acuse de recibo?

a) Carta ordinaria.

b) Notificación.

c) Giro postal.

d) Paquete postal.

7. ¿En qué lugar del envoltorio de la correspondencia que desee certificar se ha de consignar la palabra CERTIFICADO?

a) En el ángulo superior izquierdo del reverso.

b) En el ángulo inferior derecho del anverso.

c) En la parte superior central del anverso.

d) En el ángulo superior izquierdo del anverso.

8. ¿Cómo puede comprobar Claudia Moreno, funcionaria en la sede central de un organismo público, que los envíos certificados remitidos los días anteriores fueron verdaderamente entregados a sus destinatarios?

a) Preguntándole al funcionario de Correos que se lleva la correspondencia del organismo.

b) Solo podrá comprobar los certificados que fueran acompañados de acuse de recibo.

c) Solicitando ver el resguardo con la firma del destinatario, o persona autorizada, como prueba de la entrega.

d) Automáticamente irá recibiendo los resguardos firmados por todos los destinatarios.

9. Señale la opción más correcta. Un directivo de un organismo solicita a un ordenanza o conserje que envíe antes de las 12 del mediodía un telegrama nacional dirigido a una localidad que cuenta con reparto especial. Si cumple ese horario, el telegrama será entregado:

a) Antes de que transcurran 24 horas.

b) Antes de las 3 de la tarde del mismo día.

c) En el mismo día.

d) Antes de las 13 horas del día siguiente.

10. ¿Cuál de los siguientes envíos no se puede prestar contra reembolso?

a) Publicidad directa.
b) Carta certificada internacional.
c) Paquete postal.
d) Paquete azul.

11. El funcionario de Correos hace entrega a Claudia Moreno, funcionaria en la sede central de un organismo público, de un envio contra reembolso por importe de 2.000 euros. ¿Es correcto el envio?

a) No, puesto que el máximo a cobrar por un envío es 1.000 euros.
b) Es correcto, puesto que el máximo a cobrar por un envío es 10.000 euros.
c) No es correcto, puesto que el máximo a cobrar por un envío es 1000 euros.
d) Es correcto, puesto que el máximo a cobrar por un envío es 2.499,99 euros.

12. El funcionario de Correos se dispone a abonar a Claudia, como persona autorizada de un organismo público, el pago por tres giros postales recibidos en el mismo día. El primero de ellos es de 200 euros, el segundo de 400 euros y el tercero de 900 euros. ¿Cómo se deberá efectuar el pago?

a) Los dos primeros en metálico, por ser inferiores a 500 euros, y el tercero mediante cheque nominativo por superar dicha cantidad.
b) Los tres en metálico.
c) Al superar la suma de los tres los 500 euros, se abonará mediante cheque nominativo por el importe total de la suma de los tres giros.
d) Mediante tres cheques nominativos; cada uno por su cantidad correspondiente.

13. El plazo para el cobro de los giros en destino termina:

a) 25 días hábiles después de su imposición.
b) El último día hábil del mes siguiente al de su imposición.
c) El día 25 del mes siguiente al de su imposición, o el posterior hábil si fuera festivo.
d) El cobro de los giros en destino no tiene fecha de caducidad; puede cobrarse en cualquier momento.

14. El plazo de entrega de un giro nacional oscila entre:

a) 1 y 3 días hábiles.
b) 3 y 5 días hábiles.
c) 1 y 7 días naturales.
d) 3 y 10 días naturales.

15. El importe de los giros es propiedad:

a) En todo momento, del remitente.
b) Desde que sale de manos del remitente es propiedad del destinatario.

c) Desde que sale del remitente, y mientras no llegue al destinatario, es propiedad del operador postal.

d) Del remitente, mientras no llegue a poder del destinatario.

16. El servicio de giro, ¿permite incluir una comunicación de carácter privado?

a) No, porque el envío pasaría a tener la consideración de carta.

b) Sí, si se abona un suplemento equivalente al franqueo de una carta certificada.

c) Sí, y si no supera los 140 caracteres, sin recargo adicional.

d) Sí, sin limitación alguna.

17. ¿En qué casos puede utilizarse el franqueo pagado?

a) Únicamente en caso de publicidad directa.

b) Siempre que sean sobres abiertos que permitan la inspección postal.

c) En caso de usuarios que efectúen depósitos masivos de cartas e impresos con periodicidad.

d) Cuando se disponga de máquina de franquear.

18. Para poder enviar una carta normalizada, Claudia deberá tener en cuenta que el sobre no podrá:

a) Tener forma rectangular.

b) Ser de color azul.

c) Tener un espesor de más de 5 mm.

d) Exceder de 20 gramos.

19. Claudia, funcionaria en la sede central de un organismo público, debe tener en cuenta que para enviar un paquete azul, sus dimensiones (en forma de caja) no podrán exceder de:

a) Largo + ancho + alto = 100 cm, sin que la mayor dimensión exceda de 60 cm.

b) Largo + ancho + alto = 150 cm, sin que la mayor dimensión exceda de 90 cm.

c) Largo + ancho + alto = 200 cm, sin que la mayor dimensión exceda de 100 cm.

d) Largo + ancho + alto = 180 cm, sin que la mayor dimensión exceda de 90 cm.

Solución al supuesto n.º 2

1. a) Sí, puesto que va cerrado y su contenido no se indica ni puede conocerse.

Se considera carta todo envío cerrado cuyo contenido no se indique ni pueda conocerse, así como toda comunicación materializada en forma escrita sobre soporte físico de cualquier naturaleza que tenga carácter actual y personal.

En todo caso, tendrán la consideración de carta los envíos de recibos, facturas, documentos de negocios, estados financieros y cualesquiera otros mensajes que no sean idénticos. Las cartas pueden circular: ordinarias, certificadas, con aviso de recibo, contra reembolso, urgentes y con valor declarado.

2. b) La suma del largo + ancho + alto no superará los 90 cm.

Para ser considerada carta ordinaria, las dimensiones máximas permitidas, tratándose de sobre o caja, deben ser: largo + alto + ancho = 90 cm, sin que la mayor dimensión exceda de 60 cm. Las dimensiones mínimas en este caso son 14 x 9 cm.

3. b) Publicidad directa.

Se considera publicidad directa el envío que se destina a la promoción y venta de bienes y servicios. Contienen anuncios, estudios de mercado, publicidad o un mensaje similar. Estas comunicaciones se remiten a más de quinientos destinatarios, su distribución se efectúa en sobre abierto, para facilitar la inspección postal, y en sus cubiertas figura la expresión P. D. a efectos de facilitar la identificación de estos envíos.

4. c) Que se distribuyan en sobres cerrados.

Los catálogos deben distribuirse en sobre abierto para facilitar la inspección postal.

5. d) Deberá circular como carta.

El hecho de incorporar una nota personal convierte al envío que nos ocupa en carta, que se define como todo envío cerrado cuyo contenido no se indique ni pueda conocerse, así como toda comunicación materializada en forma escrita sobre soporte físico de cualquier naturaleza que tenga carácter actual y personal.

Por el contrario, el catálogo, aunque, evidentemente, incorpore el nombre, la dirección y el número de identificación de cada destinatario, debe contener un mensaje similar y no particular o de carácter personal.

6. a) Carta ordinaria.

El acuse o aviso de recibo es una confirmación por escrito de la entrega para que el remitente tenga constancia de quién recibió el envío y cuándo. El acuse de recibo es un servicio adicional que puede acompañar a los siguientes servicios:

- En el ámbito nacional: carta certificada, carta certificada urgente, notificación, paquete azul, paquete postal, postal exprés y giro postal.

- En el ámbito internacional: carta certificada, carta certificada urgente y paquete internacional económico (dependiendo si el país de destino lo admite).

7. d) En el ángulo superior izquierdo del anverso.

En las cartas certificadas, tanto con destino nacional como internacional, la palabra CERTIFICADO (o la etiqueta al uso) debe aparecer en el ángulo superior izquierdo del anverso del envío.

8. c) Solicitando ver el resguardo con la firma del destinatario, o persona autorizada, como prueba de la entrega.

Son servicios de envíos certificados los que, previo pago de una cantidad predeterminada a tanto alzado, establecen una garantía fija contra los riesgos de pérdida, sustracción o deterioro y que facilitan al remitente, a petición de este, una prueba del depósito del envío postal o de su entrega al destinatario.

9. c) En el mismo día.

Los telegramas nacionales se entregan en un máximo de 24 horas, siendo en el mismo día si el envío se hace antes de las 12:45 horas a localidades con reparto especial, y en la mañana del día siguiente hábil para las que no lo tengan.

10. a) Publicidad directa.

En el servicio de reembolso la entrega de un envío al destinatario se realiza previo abono por parte de este de la cantidad que quiere cobrar el remitente y que, posteriormente, Correos reembolsa.

El servicio de reembolso está especialmente indicado para las empresas de venta a distancia y ventas *on-line* y puede prestarse en cualquiera de los siguientes envíos:

- Carta certificada nacional e internacional.

- Paquete azul.

- Paq today.

- Paq premium.

- Paq estándar.

- Paquete internacional económico.

11. d) Es correcto, puesto que el máximo a cobrar por un envío es 2.499,99 euros.

La cantidad del reembolso podrá abonarse al remitente mediante OIC (Orden de ingreso en cuenta en la entidad bancaria que el remitente elija) hasta un máximo de 2.499,99 €.

12. c) Al superar la suma de los tres los 500 euros, se abonará mediante cheque nominativo por el importe total de la suma de los tres giros.

El servicio de giro es aquel mediante el cual se ordenan pagos a personas físicas o jurídicas por cuenta y encargo de otras a través de la red postal pública. Este servicio implica la entrega al destinatario, o a la persona autorizada, del importe económico en la dirección indicada, en su caso, admitiendo en su ejecución distintas calidades, en función de las formas de entrega.

Las imposiciones y los pagos se efectuarán en billetes y monedas de curso legal, cheque conformado, o por cualquier otro medio admitido en derecho que se determine (por ejemplo, el ingreso en cuenta corriente). Los giros nacionales, cuyo importe individual sea inferior a 500 €, se abonarán siempre en metálico. Los de cantidad igual o superior a 500 € se abonarán mediante cheque nominativo. Si hay varios giros a pagar a un mismo destinatario, cuya suma sea o igual o superior a 500 €, se pondrán al pago mediante cheque nominativo por el importe total de la suma de los importes de todos los giros.

13. c) El día 25 del mes siguiente al de su imposición, o el posterior hábil si fuera festivo.

El plazo para el cobro de los giros en destino termina el día 25 del mes siguiente al de su imposición, o el posterior hábil si fuera festivo. Si el cobro no pudiere efectuarse, se procederá a su devolución al expedidor al finalizar dicho plazo, permaneciendo en la oficina pagadora correspondiente a la dirección postal del remitente del giro hasta el día 25 del mes siguiente.

14. b) 3 y 5 días hábiles.

El plazo de entrega de un giro nacional oscila entre 3 y 5 días hábiles. El 95 % de los giros nacionales ordinarios son entregados en 3 días hábiles y los que tienen carácter urgente suelen entregarse el mismo día si han sido depositados en oficina antes de las 13:00 horas y destinados a grandes poblaciones.

15. d) Del remitente, mientras no llegue a poder del destinatario.

El importe de los giros es propiedad del remitente mientras no llegue a poder del destinatario, por lo que aquel podrá solicitar la recuperación o modificación de la dirección postal antes de que se haya efectuado el pago, devengándose el correspondiente derecho de contraprestación económica al operador al que se ha encomendado la prestación del servicio postal universal.

16. c) Sí, y si no supera los 140 caracteres, sin recargo adicional.

El servicio de giro permite incluir una comunicación privada de hasta 140 caracteres sin recargo adicional alguno. Existe una modalidad de giro, llamada giro inmediato, que supone la disponibilidad inmediata en cualquier oficina de Correos del país mediante identificación por localizador entregado al remitente en el momento de la admisión. Esta modalidad permite también incluir una comunicación privada de hasta 140 caracteres sin recargo alguno adicional.

17. c) En caso de usuarios que efectúen depósitos masivos de cartas e impresos con periodicidad.

Previo contrato con el remitente, los envíos con franqueo de pago diferido circularán con una identificación de este medio de pago, procediéndose al pago del servicio correspondiente en el momento, lugar y condiciones que establezca el operador al que se ha encomendado la prestación del servicio postal universal.

En función de sus peculiaridades, este sistema podrá admitir distintas modalidades de pago, tales como el franqueo pagado, concertado y otros que determine el operador. El franqueo pagado está pensado para usuarios que efectúen depósitos masivos de cartas e impresos con periodicidad.

18. b) Ser de color azul.

La normalización presenta numerosas ventajas, tanto para Correos como para el cliente. Los envíos normalizados permiten ser manipulados automáticamente, lo cual redunda en un menor coste que, en consecuencia, conlleva una reducción en la tarifa aplicada a los clientes. Para que la correspondencia sea considerada normalizada, debe reunir una serie de requisitos:

- Formato rectangular en sobre o tarjeta con las siguientes dimensiones: mínimas, de 14 x 9 cm y máximas de 23,5 x 12 cm.
- Color del sobre: blanco o de colores claros, excepto azul.
- Formato de letra: altura de los caracteres de entre 2 y 8 mm (evitar superposición o contacto entre caracteres), fuente de letra de tipo comercial, evitando fuentes artísticas, cursiva, subrayados y espesores muy finos o muy gruesos. La impresión debe ser en negro o color oscuro, evitando tintas fluorescentes.
- Espesor máximo: 5 mm.
- Peso máximo unitario: 20 gramos.

19. c) Largo + ancho + alto = 200 cm, sin que la mayor dimensión exceda de 100 cm.

Las dimensiones máximas del paquete azul en el caso de las cajas son: largo + ancho + alto = 200 cm, sin que la mayor medida de las tres exceda de 100 cm. Las mínimas son 14 x 9 cm.

En el caso de que el paquete azul sea un rollo o tubo, las dimensiones máximas son las siguientes: largo = 100 cm y diámetro = 15 cm y las mínimas: largo + 2 veces el diámetro = 17 cm, sin que la mayor dimensión sea inferior a 10 cm.

Los envíos con dimensiones inferiores a las mínimas deberán llevar una etiqueta anexa de 10 x 7 cm en la que figure la dirección y el franqueo.

Supuesto sobre máquinas reproductoras

1. Un directivo de un organismo entrega a un ordenanza una carpeta que contiene un documento grapado por el ángulo superior izquierdo de 25 hojas DIN-A4 escritas a una cara y le pide que saque 10 copias a dos caras en papel DIN-A4 de 90 gramos y que las prepare igualmente grapadas por el ángulo superior izquierdo. Para realizar el encargo, el ordenanza cargará la fotocopiadora con papel de la siguiente medida:

a) 148 x 105 mm.
b) 215 x 315 mm.
c) 297 x 210 mm.
d) 279,4 x 215,9 mm.

2. Teniendo en cuenta la siguiente imagen delantera izquierda y delantera derecha de una fotocopiadora, los casetes donde se carga el papel para las fotocopias están identificados con el/los número/s:

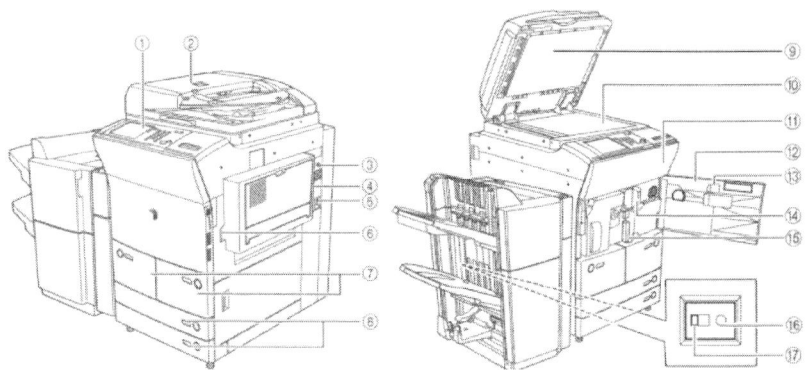

a) 2.
b) 7 y 8.
c) 12.
d) 4.

3. Si durante el funcionamiento de la fotocopiadora aparece iluminada la tecla de función número 4 significa que:

1		2		3		4		5		6		7		8	
9		10		11		12		13		14		15		16	

a) Se ha producido un atasco de papel.
b) La máquina se ha quedado sin papel.
c) La fotocopiadora se está quedando sin tóner.
d) El original tiene poco contraste.

4. Si la que se enciende es la tecla número 3 la máquina nos estará advirtiendo de que:

1		2		3		4		5		6		7		8	
9		10		11		12		13		14		15		16	

a) Se ha producido un atasco de papel.
b) La máquina se ha quedado sin papel.
c) La fotocopiadora se está quedando sin tóner.
d) El original tiene poco contraste.

5. En las siguientes imágenes de una fotocopiadora, ¿qué número indica el panel de control?

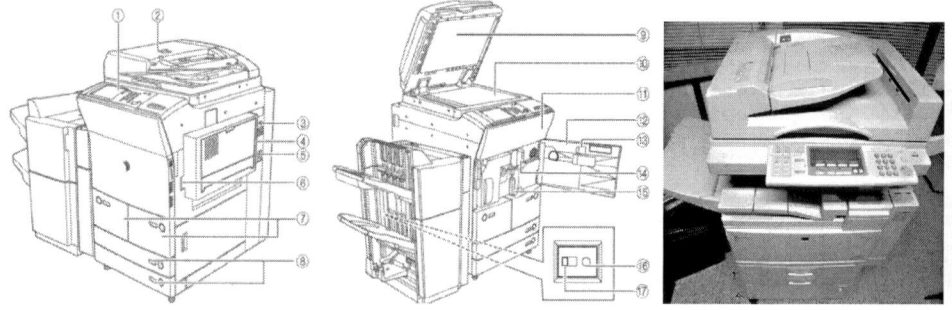

a) 1.
b) 8.
c) 10.
d) 2.

6. En la siguiente imagen que representa la pantalla táctil del panel de control de una fotocopiadora, el fotocopiado a doble cara se programa con la tecla identificada con el número:

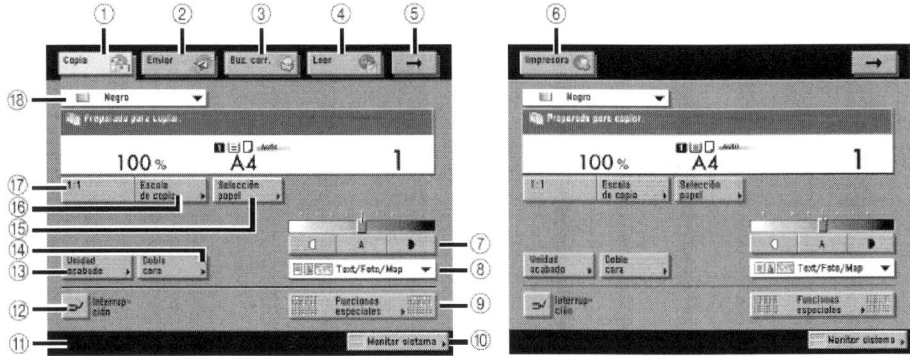

Pantalla de funciones básicas de copia

a) 1.

b) 4.

c) 14.

d) 16.

7. En la siguiente imagen de teclas de función de una fotocopiadora, identificamos el dibujo que indica que el original es a una cara y las copias a dos, con la que lleva el número:

1		2		3		4		5		6		7		8	
9		10		11		12		13		14		15		16	

a) 6.

b 12.

c) 16.

d) 11.

8. El formato de papel cuyo tamaño es justo el resultado de doblar por la mitad más larga un DIN-A4 es el DIN:

a) A2.

b) A3.

c) B4.

d) A5.

9. Teniendo por delante la imagen que representa el panel de control de la foto-copiadora, ¿cómo ha de proceder el operario si selecciona 11 copias cuando quería seleccionar 10?

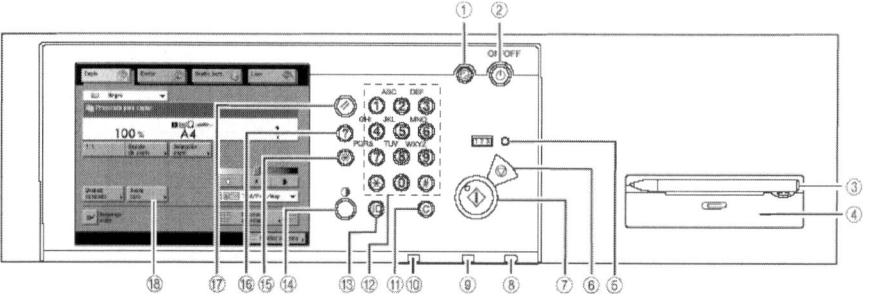

a) Lo mejor es pulsar la tecla de inicio (identificada con el número 7), dejar que la máquina haga las 11 copias y tirar a la basura una de ellas.

b) Darle a la tecla de inicio y dejar que la máquina empiece a hacer las copias indicadas. En el momento que salga la última hoja de la copia 10, el ordenanza pulsará la tecla de detener (identificada con el número 6) antes de que arrastre la primera hoja correspondiente a la copia 11.

c) Reiniciará pulsando la tecla identificada con el número 17 y volverá a incluir todos los datos referidos al encargo con cuidado de no volver a equivocarse.

d) Simplemente pulsará la tecla de borrar (identificada en la figura con el número 11), con lo que se borrará la última cifra marcada (1) y, en su lugar, tecleará el 0. La máquina entenderá que ha de efectuar 10 copias.

10. Un directivo de un organismo entrega a un ordenanza una carpeta que contiene un documento grapado por el ángulo superior izquierdo de 25 hojas DIN-A4 escritas a una cara y le pide que saque 10 copias a dos caras en papel DIN-A4 de 90 gramos y que las prepare igualmente grapadas por el ángulo superior izquierdo. ¿Cuántas hojas de papel DIN-A4 necesitará el ordenanza para hacer el encargo?

a) 130.
b) 125.
c) 250.
d) 500.

11. En la fotocopiadora, si el ordenanza utiliza la escala de ampliación del 200 %, significa que:

a) Amplía el tamaño de la copia en su totalidad 200 veces.
b) Amplía el doble el tamaño de la copia en su totalidad.
c) Amplía el tamaño de la copia en su anchura 200 veces.
d) Amplía la resolución de la copia 200 veces.

12. Un conserje debe hacer en tamaño folio 50 copias a una cara de un documento de 10 páginas. En una estantería cuenta con paquetes de papel de diversas medidas. ¿Cuál es el que debe emplear para esta tarea?

a) 256 mm x 364 mm.
b) 355,6 mm x 219,9 mm.
c) 215 mm x 315 mm.
d) 210 mm x 297 mm.

13. En la siguiente imagen de un fax, ¿qué parte se identifica con el número 4?

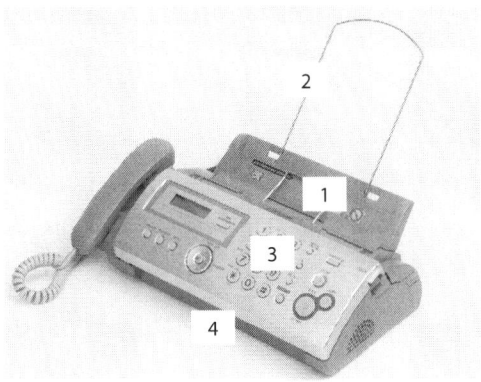

a) Soporte para los documentos a enviar.
b) Guías de ajuste del papel.
c) Salida de documentos leídos.
d) Bandeja de salida del papel enviado.

14. En la imagen del panel de control del fax, ¿con qué número están señaladas las teclas numéricas que se utilizan para marcar los números de teléfono?

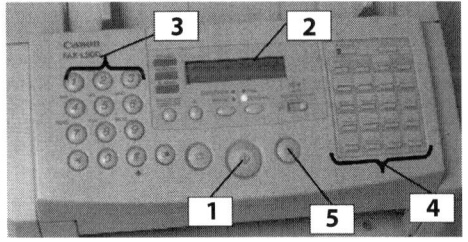

Componente n.º
1
2
3
4
5

a) 1.
b) 2.
c) 3.
d) 4.

15. ¿Qué tecla del panel de control de la fotocopiadora deberá utilizar el conserje para conseguir un mayor contraste en la copia?

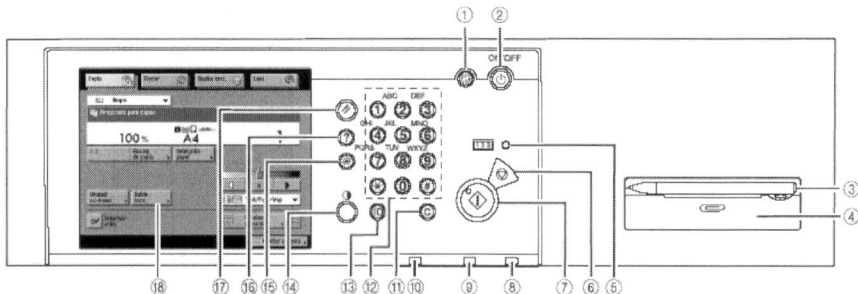

a) La señalada con el número 7.
b) La señalada con el número 6.
c) La señalada con el número 17.
d) La señalada con el número 14.

16. Si un ordenanza debe emplear para un encargo papel con formato A4 de 80 gramos, ¿qué significa?

a) Que cada página pesa 80 gramos.
b) Que una resma de ese papel pesa 80 gramos.
c) Que un metro cuadrado de ese papel pesa 80 gramos.
d) Que un cuadernillo estándar de ese papel pesa 80 gramos.

17. Si el ordenanza tuviera que cambiar el tóner del fax, después de extraer el viejo sacaría uno nuevo de su bolsa protectora y antes de introducirlo en su lugar correspondiente:

a) Agitará enérgicamente el cartucho varias veces.
b) Lo dejará unos minutos al aire libre para que se airee.
c) Limpiará con alcohol los rieles por los que se desliza el tóner.
d) Tendrá que avisar rápidamente al servicio técnico para que cambie el tóner lo antes posible.

18. Si el ordenanza pulsa la tecla "reiniciar" del panel de la fotocopiadora:

a) La máquina descontará las copias hechas y volverá a contabilizar desde la copia 1.
b) La máquina eliminará la configuración de las copias realizadas anteriormente volviendo a la configuración por defecto.
c) La máquina repetirá la tarea con la misma configuración de las copias realizadas con anterioridad.
d) La máquina se apagará y encenderá automáticamente.

19. Al área de reprografía de un organismo llega un empleado con su correspondiente acreditación y le encarga al ordenanza una fotocopia de una fotografía en blanco y negro. La fotografía es de tamaño 9 x 12 cm, pero la persona que realiza el encargo desea que la amplíe para que ocupe el máximo de un DIN-A5. ¿A qué es similar ese formato?

a) A una tarjeta de visita.
b) Al folio tradicional.
c) Al oficio.
d) A la cuartilla tradicional.

20. Al área de reprografía de un organismo llega un empleado con su correspondiente acreditación y le encarga al ordenanza una fotocopia de una fotografía en blanco y negro. La fotografía es de tamaño 9 x 12 cm, pero la persona que realiza el encargo desea que la amplíe para que ocupe el máximo de un DIN-A5. ¿Cuál de las siguientes ampliaciones es la más adecuada seleccionar en el panel de control de la fotocopiadora?

a) 100 %.
b) 150 %.
c) 200 %.
d) 300 %.

21. ¿Cuál de las siguientes condiciones ambientales está dentro de lo recomendable para una buena conservación del papel almacenado?

a) 10 ºC.
b) 30 % de humedad relativa.
c) 30 ºC.
d) 45-60 % de humedad relativa.

Solución al supuesto n.º 3

1. c) 297 x 210 mm.

Las medidas del formato A4 son 297 x 210 mm. Es el tamaño de papel de uso más corriente en la vida diaria.

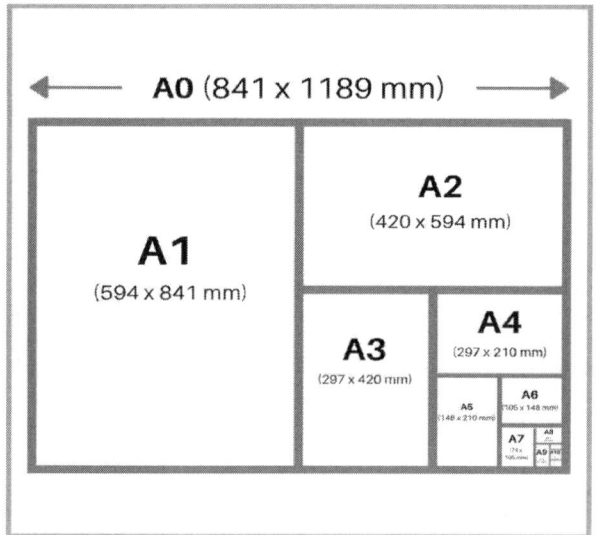

2. b) 7 y 8.

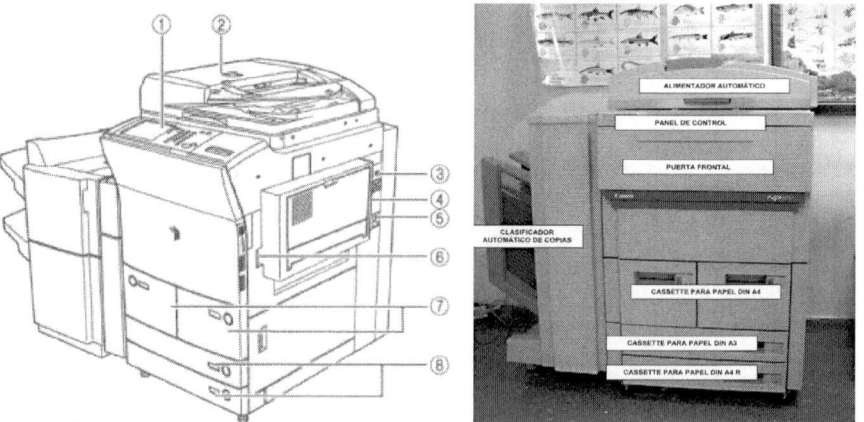

3. a) Se ha producido un atasco de papel.

La imagen número 4 de la ilustración indica que hay papel atascado en algún componente de la fotocopiadora. Hasta que no desaparezca el atasco, no podremos continuar haciendo copias.

4. c) La fotocopiadora se está quedando sin tóner.

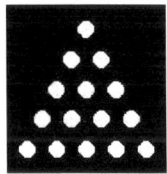

Esta imagen es un aviso que nos indica que debemos reponer tóner a la máquina. No implica que no pueda hacer fotocopias, sino que debe rellenarse pues se terminará próximamente.

5. a) 1.

El panel de control es uno de los elementos básicos de las fotocopiadoras. Puede ser de varios tipos:

– Mediante botones que son pulsados para seleccionar las distintas funciones.

– Mediante un monitor situado sobre la fotocopiadora donde aparecen las distintas funciones seleccionadas.

– Mediante una pantalla táctil.

En cualquier caso, la forma de hacerla operar y las distintas teclas tienen una simbología idéntica, lo que facilita la rápida adaptación de una máquina a otra en caso de cambios.

6. c) 14.

La opción "doble cara" permite hacer copias, como su nombre indica, a partir de originales de una sola cara.

7. d) 11.

La opción "doble cara" permite hacer copias, como su nombre indica, a partir de originales de una sola cara.

8. d) A5.

El formato de papel A5 tiene unas dimensiones de 148 mm x 210 mm. Es el tamaño similar a la cuartilla tradicional.

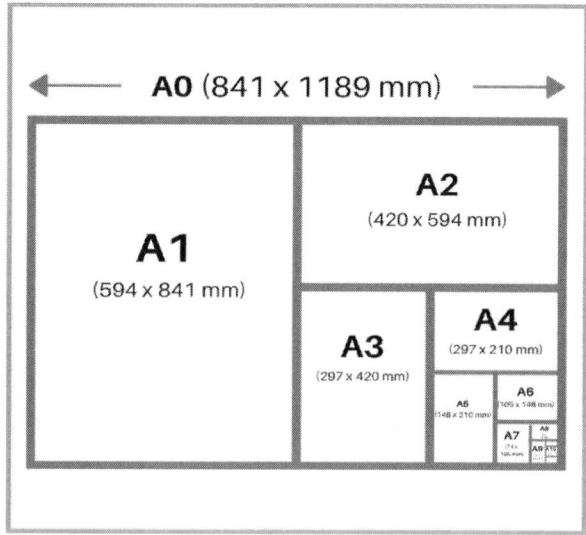

9. d) Simplemente pulsará la tecla de borrar (identificada en la figura con el número 11), con lo que se borrará la última cifra marcada (1) y, en su lugar, tecleará el 0. La máquina entenderá que ha de efectuar 10 copias.

La tecla "borrar" se pulsa para poner a uno el número de copias o para borrar un valor incorrecto introducido al establecer un modo de copia.

10. a) 130.

25 hojas a una cara suponen 13 a doble cara (aunque una quede en blanco). Como al subalterno se le piden 10 copias, 13 por 10 hacen un total de 130 hojas.

11. b) Amplía el doble el tamaño de la copia en su totalidad.

El panel de control de las fotocopiadoras de oficina y de las profesionales nos permite ampliar o reducir la copia que vayamos a imprimir. Habitualmente estas fotocopiadoras pueden trabajar tanto a tamaño 1:1, como reducir o ampliar las copias que se desean entre márgenes que suelen oscilar en cuanto a la reducción al 50 % (la mitad) y en cuanto a la ampliación al 200 % (el doble) dependiendo en todo caso de la máquina que se utilice.

12. c) 215 mm x 315 mm.

El formato de papel llamado "folio" tiene unas medidas de 215 mm x 315 mm. A día de hoy su uso es bastante reducido, ya que el formato A4 (210 x 297) ha venido a sustituirlo en el uso cotidiano.

13. c) Salida de documentos leídos.

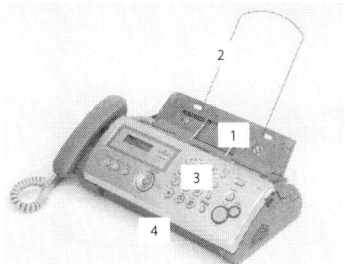

14. c) 3.

Las teclas numéricas se encuentran en el panel de control del fax y se utilizan para marcar los números de teléfono y para introducir texto, números y símbolos al registrar nombres y números en la memoria.

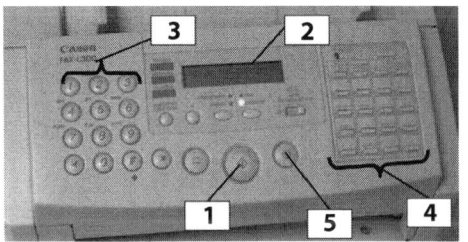

Componente n.º
1
2
3
4
5

15. d) La señalada con el número 14.

Esta imagen identifica al mando de contraste de la pantalla. A través de esta función se ajusta el contraste de la impresión a través de la pantalla táctil.

16. c) Que un metro cuadrado de ese papel pesa 80 gramos.

El peso de papel en países que usan tamaños de papel estandarizado ISO es definido en términos de gramaje. El estándar ISO define gramaje como los gramos por metro cuadrado (g/m²) de papel. Ya que la superficie de una hoja de papel de A0 es de 1 metro cuadrado, el peso de esa hoja determinará el gramaje de ese papel. Así, si hablamos de un papel cuyo gramaje es 80 gramos, nos estamos refiriendo a que una hoja de ese papel con un formato A0, pesa 80 gramos.

17. a) Agitará enérgicamente el cartucho varias veces.

Los pasos para sustituir el cartucho de tóner son los siguientes:

1. Sin que haya documentos pendientes de envío, ni de recogida, levantar la tapa superior cogiéndola por ambos lados.

2. Sacar el cartucho de tóner usado tirando de la "pestaña" que posee.

3. Sacar el nuevo cartucho de tóner de su bolsa protectora, que debe permanecer cerrada hasta ese momento.

4. Girar enérgicamente el cartucho de un lado a otro unas cinco o seis veces. De esta forma conseguiremos mover el tóner del interior del cartucho evitando que permanezca apelmazado.

18. b) La máquina eliminará la configuración de las copias realizadas anteriormente volviendo a la configuración por defecto.

La tecla para reiniciar se pulsa para hacer que la copiadora regrese al modo estándar de copia, olvidándose de las opciones que hubiéramos seleccionado anteriormente.

19. d) A la cuartilla tradicional.

El formato DIN-A5, con un tamaño de 210 x 148 mm y una superficie de 0,03 m², es el tamaño similar a la cuartilla tradicional.

20. b) 150 %.

De las opciones de respuesta que ofrece la pregunta, teniendo en cuenta que se pretende una ampliación de la fotografía de 9 x 12 que no exceda de un formato DIN-A5, la única opción posible es la b) 150 %. Dejar la impresión al 100 % implica que la copia tendrá el mismo tamaño que el original, es decir, 9 x 12 centímetros. Las opciones de ampliar al 200 % o al 300 % (el doble o el triple del formato original) no son viables, ya que en ambos casos excederían al tamaño del papel con formato A5 (148 x 210 mm). Con la ampliación al 200 % se obtendría una imagen de 180 x 240 mm y con la del 300 % de 270 x 360 mm.

21. d) 45-60 % de humedad relativa.

El papel es un material sensible a diversos factores ambientales que pueden deteriorarlo, como por ejemplo la luz, que actúa sobre la lignina de los papeles fabricados con pasta de madera y los oscurece, o la humedad, que es un catalizador químico que provoca reacciones indeseadas. Para garantizar una vida más larga del papel, conviene almacenarlo en un lugar que mantenga las siguientes condiciones ambientales:

– Temperatura: entre 18 y 21 ºC.

– Humedad relativa: 45-60 %.

– Lux: preferentemente debe ser de menos de 100; esto implica que no haya demasiada luz en el lugar donde el papel sea utilizado una vez que se le retira el envoltorio protector. El papel no debe exponerse directamente al sol.

– Ausencia de contaminación ambiental. El papel no debe exponerse al polvo.

Supuesto sobre precedencias y preparación de reuniones

Un ordenanza o conserje es designado para colaborar con un Técnico especializado en Protocolo en la preparación de distintos eventos que van a tener lugar durante las próximas semanas en las instalaciones del edificio en el que trabaja. Su misión fundamentalmente radicará en la disposición adecuada del mobiliario, motivos protocolarios y medios audiovisuales necesarios, así como procurar que las salas de reuniones se encuentren en el momento de su uso en perfectas condiciones de luz, temperatura, megafonía. También se ocupará de tener siempre a mano los materiales necesarios para el adecuado uso de los medios audiovisuales, como son tizas, rotuladores, borradores,...., y también alargaderas, regletas, cables de sonido, etc.

En el primer acto deberá tener en cuenta que se trata de un acto de carácter general al que asistirán, e intervendrán, el alcalde, el Presidente de la Comunidad Autónoma y el Rector de la Universidad, además del titular de la Consejería que ocupa el edificio que organiza el acto, y que actúa, por tanto, como anfitrión cediendo la Presidencia del acto al Presidente de la Comunidad Autónoma. En un lugar destacado del escenario deberán colocarse las banderas del Estado, de la Comunidad Autónoma y de la ciudad. En el centro del escenario deberá prepararse una Mesa en la que figurarán las cuatro autoridades presentes.

A los pocos días de este primer acto, el Centro volverá a su dinámica de eventos, que incluye la organización de jornadas, seminarios, foros, debates, conferencias y talleres; por lo que el ordenanza o conserje estará ocupado en la preparación de las salas y de los materiales a utilizar.

Contestar a las siguientes preguntas:

Cuestiones

1. Para preparar la mesa del primer acto previsto, el ordenanza o conserje debe tener en cuenta que las autoridades ocuparán el siguiente orden, visto de frente y de izquierda a derecha:

a) Alcalde, Consejero, Rector, Presidente de la C.A.
b) Alcalde, Consejero, Presidente de la C.A., Rector.

c) Consejero, Alcalde, Rector, Presidente de la C.A.
d) Rector, Presidente de la C.A., Consejero, Alcalde.

2. Vistas, también, de frente y de izquierda a derecha, ¿cómo debe colocar las banderas?

a) Estado, Comunidad Autónoma, Ciudad.
b) Ciudad, Comunidad Autónoma, Estado.
c) Ciudad, Estado, Comunidad Autónoma.
d) Comunidad Autónoma, Estado, Ciudad.

3. ¿Con qué tratamiento se menciona al Rector de la Universidad?

a) Ilustrísimo Sr. Don.......Rector de la Universidad de....
b) Excelentísimo Rector de la Universidad de......Sr. Don.....
c) Excelentísimo Sr. Don......Rector Magnífico de la Universidad de......
d) Ilustrísimo Rector Magnífico de la Universidad de.......Sr. Don......

4. Si el municipio es capital de provincia y tiene una población menor de 100.000 habitantes, el tratamiento del Alcalde será de:

a) Excelencia.
b) Ilustrísimo.
c) Señoría.
d) Honorable.

5. En relación a las banderas a utilizar en el primer acto programado, es preceptivo que:

a) La bandera del Estado deberá tener mayor tamaño que las otras dos.
b) Las tres banderas deben tener el mismo tamaño.
c) El tamaño de las banderas no importa, se utilizarán aquellas con las que cuente la institución sean del tamaño que sean.
d) La bandera del Estado no podrá ser menor que cualquiera de las otras dos.

6. Sin perjuicio de otro tratamiento histórico que le pudiera corresponder, el Presidente de la Comunidad Autónoma tiene tratamiento de:

a) Excelentísimo.
b) Ilustrísimo.
c) Señoría.
d) Su Excelencia.

7. En relación al tratamiento del Consejero de la Comunidad Autónoma:

a) Será siempre el de excelentísimo.
b) Será siempre el de ilustrísimo.

c) Según la Comunidad Autónoma, puede ser Excelentísimo o Molt Honorable Sr.

d) Según la Comunidad Autónoma, puede ser Excelentísimo, Molt Honorable Sr., Ilustrísimo u Honorable Sr.

8. Si la autoridad que organiza el acto no lo preside, como es el caso, entonces:

a) Ocupará lugar inmediato a la presidencia.

b) Ocupará el lugar que le corresponda entre el resto de autoridades según su rango.

c) Ocupará el extremo derecho de la mesa.

d) Se ubicará siempre a la derecha del presidente, sea par o impar el número de autoridades.

9. Que se trate de un acto de carácter general, significa que:

a) No tiene carácter oficial.

b) Está organizado por una determinada institución, organismo o autoridad, con ocasión de una conmemoración o acontecimiento propio del ámbito específico de sus respectivos servicios, funciones y actividades.

c) Se organiza con ocasión de una conmemoración o acontecimiento nacional, de la autonomía, provincial o local.

d) La precedencia del acto se determinará por quien lo organiza.

10. Si la mayor precedencia la ostenta el representante del territorio en que se ubica el acto, se está utilizando el criterio de:

a) Jurisdiccionalidad.

b) Representatividad.

c) Responsabilidad.

d) Sentido común.

11. El ordenanza o conserje que prepara la sala para la celebración de una jornada, ha de saber que ésta consiste en:

a) Una reunión para el inicio de una actividad o de un acontecimiento interno importante para la institución.

b) Una reunión de un grupo de expertos en una materia que expondrán ante el público, de manera sucesiva, sus ideas y conocimientos, ofreciendo todos una visión completa del asunto en cuestión.

c) Una reunión con una duración de un día para sacar novedades de un sector profesional concreto y tratar temas de interés. Ceñido a unas características reglamentadas y un trabajo sistematizado.

d) Una reunión en que un reconocido profesional informa a un público cualificado de su experiencia o técnicas novedosas mediante charlas y demostraciones prácticas.

12. Cuando hablamos de una reunión asistida por un coordinador o moderador, de no más de 15 personas, para discutir grupal e informalmente sobre un tema determinado, en no más de 60 minutos, nos estamos refiriendo a la celebración de:

a) Un foro.
b) Un debate.
c) Un plenario.
d) Un coloquio.

13. Una reunión para enseñar sobre algún tema educativo, un oficio o un trabajo de manera manual o práctica, es:

a) Un taller.
b) Un simposio.
c) Un panel.
d) Una mesa redonda.

14. Un evento consistente en una serie de sesiones de trabajo colectivo de un experto con un grupo reducido de especialistas o investigadores (en fase de perfeccionamiento) para estudiar intensivamente, analizar o enriquecer un asunto determinado, lo denominaríamos:

a) Simposio.
b) Convención.
c) Seminario.
d) Taller.

15. La siguiente disposición del auditorio es la más adecuada para:

C
X

a) Conferencia.
b) Taller.
c) Panel.
d) Debate.

16. La disposición del auditorio que representa la siguiente ilustración es la más adecuada para trabajo de carácter informal con grupos pequeños. Esta disposición se conoce como:

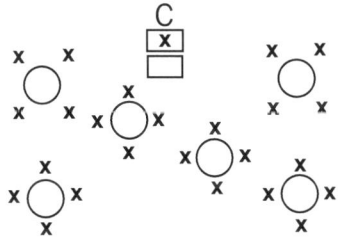

a) Sala de Juntas.
b) Herradura.
c) Cabaret.
d) Teatro.

17. ¿Qué nombre recibe la disposición de asistentes alrededor de una mesa que representa la ilustración?

a) Sistema lineal.
b) Sistema cartesiano.
c) Sistema del reloj.
d) Sistema de doble espejo.

18. ¿Cómo se denomina la disposición de presidencias representada en la siguiente ilustración?

a) Presidencia francesa.
b) Presidencia inglesa.

c) Presidencia americana.
d) Presidencia clásica.

19. Si se informa al ordenanza o conserje de la utilización de una técnica audio-visual que consiste en la proyección de una serie de diapositivas en sincronización con el sonido, entenderá que se está refiriendo a:

a) La videoproyección.
b) La proyección de opacos.
c) El diaporama.
d) La pizarra digital.

20. El ordenanza o conserje, para calcular el número de altavoces a colocar en una sala cerrada, observa que la distancia entre un plano imaginario situado en el oído de los oyentes y el techo es de unos 3 metros; por lo tanto, la distancia ideal entre altavoces será de unos:

a) 3 metros.
b) 6 metros.
c) 12 metros.
d) 15 metros.

Solución al supuesto n.º 4

1. b) Alcalde, Consejero, Presidente de la C.A., Rector.

El orden de preferencia de autoridades se ajustará a las siguientes reglas:

a) Los actos serán presididos por la autoridad que los organice. En caso de que dicha autoridad no ostentase la presidencia, ocupará lugar inmediato a la misma.

b) La distribución de los puestos de las demás autoridades se hará según las precedencias que regula el presente Ordenamiento, alternándose a derecha e izquierda del lugar ocupado por la presidencia.

c) Si concurrieran varias personas del mismo rango y orden de precedencia, prevalecerá siempre la de la propia residencia.

d) La persona que represente en su cargo a una autoridad superior a la de su propio rango no gozará de la precedencia reconocida a la autoridad que representa y ocupará el lugar que le corresponda por su propio rango, salvo que ostente expresamente la representación de Su Majestad el Rey o del Presidente del Gobierno.

e) Los Presidentes de Consejos de Gobierno de las Comunidades Autónomas se ordenarán de acuerdo con la antigüedad de la publicación oficial del correspondiente Estatuto de Autonomía.

2. d) Comunidad Autónoma, Estado, Ciudad.

Cuando la bandera española va acompañada de otras, la bandera de las Comunidades irá inmediatamente después de la española. Cuando el número de banderas sea impar, a la derecha de la nacional (izquierda del observador); cuando el número de banderas sea par, a su izquierda (derecha del observador).

Las banderas descritas, las provincias y los municipios cuentan también con banderas propias que tienen, igualmente, la consideración de banderas oficiales.

3. c) Excelentísimo Sr. Don......Rector Magnífico de la Universidad de......

Corresponde entre otras autoridades el tratamiento de Excelentísimo Señor (Excmo. Sr.) en el ámbito de las Universidades a los Rectores (se escribe: Excmo. Sr. D...., Rector Magnífico de la Universidad de...) y Vicerrectores.

4. a) Excelencia.

Ley 7/1985, de 2 de abril, Reguladora de las Bases del Régimen Local, artículo 124º.3 señala (refiriéndose a los municipios de gran población) que el Alcalde tendrá el tratamiento de Excelencia.

En este caso, entendemos que, al ser capital de provincia y tener menos de 100.000 habitantes, su Asamblea legislativa ha decidido considerar al municipio como de gran población. (De no haberse tomado esta decisión, el Alcalde tendría el tratamiento de Ilustrísimo Señor).

5. d) La bandera del Estado no podrá ser menor que cualquiera de las otras dos.

Cuando se utilice la bandera de España ocupará siempre lugar destacado, visible y de honor; si junto a ella se utilizan otras banderas, la de España ocupará lugar preeminente y de máximo honor y las restantes no podrán tener mayor tamaño.

6. a) Excelentísimo.

Corresponde entre otras autoridades el tratamiento de Excelentísimo Señor (Excmo. Sr.) en el ámbito de las Comunidades Autónomas a los Presidentes de las Comunidades Autónomas, a excepción de las de Cataluña, Baleares y Valencia, que tienen el de "Molt Honorable Sr."

7. d) Según la Comunidad Autónoma, puede ser Excelentísimo, Molt Honorable Sr., Ilustrísimo u Honorable Sr.

Corresponde entre otras autoridades el tratamiento de Tratamiento de Ilustrísimo Señor (Ilmo. Sr.) a los Consejeros de Gobierno de las Comunidades Autónomas, a excepción de las de Galicia y País Vasco que usan el de Excmo. Sr., y Cataluña, Valencia y Baleares que usan el de Honorable Sr.

8. a) Ocupará lugar inmediato a la presidencia.

El orden de preferencia de autoridades se ajustará entre otras a la siguiente regla:

a) Los actos serán presididos por la autoridad que los organice. En caso de que dicha autoridad no ostentase la presidencia, ocupará lugar inmediato a la misma.

9. c) Se organiza con ocasión de una conmemoración o acontecimiento nacional, de la autonomía, provincial o local.

Son actos de carácter general, los que se organicen con ocasión de conmemoraciones o acontecimientos nacionales, de las autonomías, provinciales o locales.

10. a) Jurisdiccionalidad.

Entre los criterios de precedencia, el criterio de jurisdiccionalidad hace referencia a que la mayor precedencia la ostenta el representante del territorio en que se ubica el acto.

11. c) Una reunión con una duración de un día para sacar novedades de un sector profesional concreto y tratar temas de interés. Ceñido a unas características reglamentadas y un trabajo sistematizado.

Dentro de los tipos de eventos que pueden darse, el Congreso consiste en una reunión de varias personas de un sector profesional promovida habitualmente por una empresa, asociación o institución, con la finalidad de sacar novedades dentro del sector y tratar temas de interés; por lo general programado cada dos años.

El congreso se ciñe a unas características reglamentadas y un trabajo sistematizado.

Suele constar de tres partes: ponencias, debate y conclusiones.

12. b) Un debate.

Dentro de los tipos de eventos que pueden darse, el Debate es una reunión asistida por un coordinador o moderador, de no más de 15 personas (para que resulte productiva), para discutir grupal e informalmente sobre un tema determinado. La duración no debe superar los 60 minutos.

13. a) Un taller.

Dentro de los tipos de eventos que pueden darse, el Taller es una reunión para enseñar sobre algún tema educativo, un oficio o un trabajo de manera manual o práctica.

14. c) Seminario.

Dentro de los tipos de eventos que pueden darse, el Seminario consiste en una serie de sesiones de trabajo colectivo de un experto con un grupo reducido de especialistas o investigadores (en fase de perfeccionamiento) para estudiar intensivamente, analizar o enriquecer un asunto ya determinado, programado y dirigido por una personalidad del ámbito académico experta en la materia.

Concluye con la elaboración de un informe final que es expuesto por un relator.

15. a) Conferencia.

Existen distintas posibilidades de distribución del auditorio en función del tipo de reunión, la distribución de la imagen es la más apropiada para la Conferencia es una reunión en que un experto realiza una exposición sobre un tema específico con cierto grado de complejidad y profundidad, dirigida a personas con conocimientos previos en la materia.

16. c) Cabaret.

Existen distintas posibilidades de distribución del auditorio en función del tipo de reunión, la distribución de la imagen es la más apropiada para el Cabaret que es apropiada para trabajo con grupos pequeños. Es informal y puede ser difícil centrar la atención.

17. d) Sistema de doble espejo.

Entre las posibilidades de colocación de los asistentes en una mesa de reunión, la de la imagen se corresponde con el sistema de doble espejo que es un sistema prácticamente idéntico al de cabecera única para arbitraje pero en el que se sitúa frente a frente a los representantes del mismo nivel para facilitar las conversaciones.

18. b) Presidencia inglesa.

Entre las posibilidades de colocación de los asistentes en una mesa de reunión, la de la imagen se corresponde con la Presidencia inglesa en el que las presidencias se ubican en los extremos de la mesa. El anfitrión y el invitado de honor están tan alejados que cada uno crea un polo de conversación independiente. Los invitados de menor rango se ubican en el centro de la mesa y los de mayor rango, más próximos a las presidencias.

Una vez definido el formato de presidencia de la reunión se procede a la colocación de invitados (o participantes) alrededor de la mesa. Existen diferentes sistemas de ordenación.

19. c) El diaporama.

El diaporama es una técnica audiovisual que consiste en la proyección de una serie de diapositivas en sincronización con el sonido. La proyección de un diaporama necesita oscurecer totalmente el aula, asimismo, requiere un magnetófono con grabador de impulsos para sincronizar el paso de las diapositivas.

20. b) 6 metros.

Para calcular el número de altavoces a colocar en una sala cerrada, se puede considerar como norma general que la distancia entre altavoces debe ser el doble de la altura que hay entre un plano imaginario situado en el oído de los oyentes y el techo. La colocación en el techo podrá ser en zigzag o en una malla rectangular.

Supuesto sobre almacenamiento del material

Bruno G. trabaja como ordenanza en unas dependencias del Ayuntamiento de Colópolis, donde se almacena abundante material, herramientas y aparejos propiedad de la entidad local.

Bruno es el encargado de gestionar el almacén, recepcionando todo el material que llega, registrarlo y ubicarlo; así como, controlar las salidas que se producen en el almacén.

Para elevar pesos, el almacén cuenta con una polea amarrada a un elemento rígido en vuelo inclinado u horizontal, cuyo otro extremo está anclado a la base. El almacén cuenta también con una transpaleta manual, una transpaleta autopropulsada y una carretilla elevadora retráctil.

Además de las estanterías correspondientes para el almacenaje de los productos, el almacén cuenta también con un armario para el almacenamiento de sustancias inflamables.

En lo que va de mañana, el almacén ha tenido los siguientes movimientos:

1º. A las 9,10; Personal del Servicio de Fiestas Locales, debidamente acreditado, viene a por las cajas que contienen las bombillas del alumbrado del recinto ferial.

2º. A las 9,50; unos operarios de Mantenimiento vienen a devolver unas herramientas que recogieron hace una semana para la realización de unos trabajos en la vía pública. Entre los objetos hay un espejo de tráfico utilizado eventualmente en algunos cruces provisionales con ocasión de obras en la calzada. Para guardar el espejo de tráfico, ante la falta del contenedor original, Bruno opta por guardarlo en una caja dura de cartón que tiene las medidas adecuadas.

3º. A las 10,25; una empresa de transportes entrega un contenedor con material adquirido por el Ayuntamiento para unas jornadas que se celebrarán próximamente en el Aula de Cultura. El contenedor, que viene sobre un palé (europalé), pesa unos 120 kg.

Cuestiones

1. ¿Cuál es el peso máximo recomendado que deben tener las cajas de bombillas, para su manipulación por el Operario, suponiendo que se trata de una tarea esporádica, en condiciones seguras, y que Bruno es un trabajador sano y entrenado físicamente?

a) 20 kilos.
b) 30 kilos.
c) 40 kilos.
d) 50 kilos.

2. Por regla general, el peso máximo que se recomienda no sobrepasar (en condiciones ideales de manipulación) es de:

a) 20 kilos.
b) 25 kilos.
c) 30 kilos.
d) 35 kilos.

3. Supongamos que Bruno, un trabajador sano y entrenado físicamente, ha de coger la carga en peso, a la altura de media pierna con los brazos extendidos; el peso teórico recomendado que podría manejar no debería superar:

a) 12 x 0,6= 7,2 kilos.
b) 20 kilos.
c) 20 x 1,6= 32 kilos.
d) 8 x 1,6= 12,8 kilos.

4. ¿A cuál de las siguientes alturas se puede soportar un peso mayor con los brazos doblados?

a) A la altura del hombro.
b) A la altura de los nudillos.
c) A la altura de la cabeza.
d) A la altura del codo.

5. ¿Cuál es la anchura máxima recomendada de la carga?

a) Unos 30 cm.
b) Unos 45 cm.
c) Unos 60 cm.
d) Unos 90 cm.

6. ¿Cuál es el rango de temperaturas recomendado en locales interiores para trabajos ligeros?

a) Entre 14° y 25 °C.
b) Entre 10° y 20 °C.
c) Entre 20° y 30 °C.
d) Entre 15° y 20 °C.

7. La profundidad de la carga no debe superar:

a) Los 50 cm.
b) Los 75 cm.
c) Los 90 cm.
d) Los 120 cm.

8. Para asegurar el espejo en la caja de cartón, Bruno utiliza relleno de pórex; ¿en qué consiste este protector?

a) En planchas de cartón compacto.
b) En finas láminas de espuma de polietileno.
c) En unas bolitas o "S" de pequeño tamaño.
d) En un colchón amortiguador que se adapta al contorno del producto.

9. El almacén cuenta con una polea de tipo:

a) Cabria.
b) Garrucha.
c) Polipasto.
d) Torno.

10. Si la carretilla con la que cuenta el almacén es una carretilla de pantógrafo, estamos refiriéndonos a una carretilla:

a) De mástil retráctil.
b) Elevadora contrapesada.
c) Transelevadora.
d) De horquillas retráctiles.

11. ¿Cómo se llama el almacenamiento de los productos sueltos, es decir, de aquellos que no están estructurados en forma de unidades de carga?

a) Almacenamiento a granel.
b) Almacenamiento desordenado.
c) Almacenamiento en bloque.
d) Almacenamiento ordenado.

12. ¿Cómo se denomina la tarea de almacén consistente en partir de una lista de artículos y ubicaciones en las que se encuentran, recogiendo las unidades que especifica la lista para conformar los pedidos?

a) Gestión de stock.
b) Picking.
c) Embalaje.
d) Bloqueo.

13. ¿Cuál es la anchura mínima de los pasillos peatonales ubicados en las vías de circulación de carretillas elevadoras retráctiles?

a) 1 metro.
b) 1,50 metros.
c) 2 metros.
d) 3 metros.

14. La altura máxima de carga sobre palé debe ser de:

a) 1 metro.
b) 1,5 metros.
c) 3 metros.
d) 5 metros.

15. En el almacenamiento de materiales rígidos lineales, no debe superarse una altura de (máximo):

a) 2 metros.
b) 4 metros.
c) 6 metros.
d) 10 metros.

16. ¿Qué tipo de almacenamiento ha de utilizar Bruno para llenar el almacén al 100%?

a) Almacenamiento ordenado.
b) Almacenamiento desordenado.
c) Almacenamiento a granel.
d) Almacenamiento en bloque.

17. Para el apilamiento de botellas sobre un palet, Bruno las colocará por pisos separando unos de otros con unas planchas de cartón compacto llamadas:

a) Intercaladores.
b) Tambores.
c) Nidos de abeja.
d) Prensas.

18. ¿Cuáles son las medidas del europalet?

a) 1200 mm x 1200 mm.
b) 600 mm x 1400 mm.
c) 1000 mm x 1000 mm.
d) 800 mm x 1200 mm.

19. En el almacenamiento mediante paletizado, ¿cuál es la carga máxima conjunta recomendada?

a) 300 kg.
b) 450 kg.
c) 600 kg.
d) 700 kg.

20. ¿Cuál es el límite de carga manipulada de forma manual acumulada diariamente por Bruno en un turno de 8 horas, suponiendo que los trayectos son superiores a los 10 metros?

a) 5.000 kg.
b) 6.000 kg.
c) 1.500 kg.
d) 10.000 kg.

Solución al supuesto n.º 5

1. c) 40 kilos.

Por regla general, el peso máximo que se recomienda no sobrepasar (en condiciones ideales de manipulación) es de 25 kg.

En circunstancias especiales, trabajadores sanos y entrenados físicamente podrían manipular cargas de hasta 40 kg, siempre que la tarea se realice de forma esporádica y en condiciones seguras. (Se multiplica el peso general 25 x 1,6).

2. b) 25 kilos.

Por regla general, el peso máximo que se recomienda no sobrepasar (en condiciones ideales de manipulación) es de 25 kg.

3. d) 8 x 1,6= 12,8 kilos.

El peso teórico recomendado que se podría manejar en función de la posición de la carga con respecto al cuerpo se indica en la siguiente imagen. Para mujeres, trabajadores jóvenes o mayores multiplicaremos los pesos recomendados por 0,6. Esporádicamente, para trabajadores sanos y entrenados físicamente, se multiplicará por 1,6.

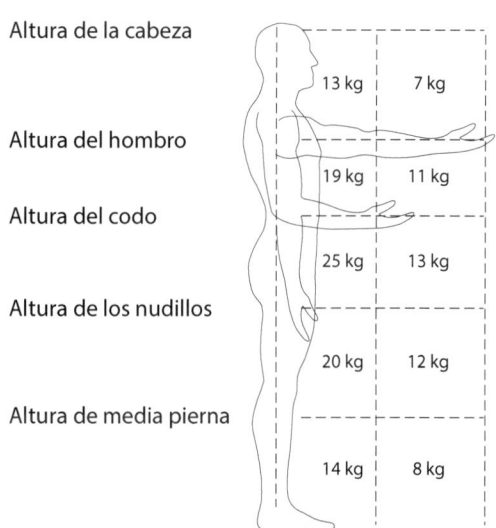

Altura de la cabeza — 13 kg / 7 kg

Altura del hombro — 19 kg / 11 kg

Altura del codo — 25 kg / 13 kg

Altura de los nudillos — 20 kg / 12 kg

Altura de media pierna — 14 kg / 8 kg

4. d) A la altura del codo.

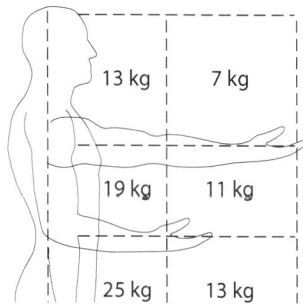

Altura de la cabeza

13 kg   7 kg

Altura del hombro

19 kg   11 kg

Altura del codo

25 kg   13 kg

5. c) Unos 60 cm.

Es conveniente que la anchura de la carga no supere la anchura de los hombros (60 cm aproximadamente).

6. a) Entre 14° y 25 °C.

Se recomienda que en locales interiores el rango de temperaturas para trabajos ligeros se encuentre entre 14° y 25 °C.

7. a) Los 50 cm.

La profundidad de la carga no debería superar los 50 cm, aunque es recomendable que no supere los 35 cm. El riesgo se incrementará si se superan los valores en más de una dimensión y si el objeto no proporciona agarres convenientes.

8. c) En unas bolitas o "S" de pequeño tamaño.

Material en forma de bolitas o "S" de pequeño tamaño que se utiliza para rellenar las cajas y proteger así su contenido.

9. b) Garrucha.

Las poleas son elementos de transmisión de una fuerza. Pueden ser simples o compuestas, cuando se utilizan varias.

Las **poleas simples** se emplean para elevar pesos y constan de una rueda por la que pasa una cuerda. El mecanismo es muy sencillo, se cuelga el peso en un extremo de la cuerda y se tira del otro extremo para levantar el peso. Las poleas simples pueden ser fijas y móviles.

Ejemplos de sistemas con poleas simples fijas son la garrucha y la cabria, ambas compuestas por una polea que en el caso de la **garrucha** se encuentra amarrada a un elemento rígido en vuelo inclinado u horizontal, cuyo otro extremo está contrapesado o anclado a la base. En el caso de la **cabria,** la polea se encuentra suspendida en el punto de unión de tres puntales inclinados formando un trípode.

10. d) De horquillas retráctiles.

En las carretillas de horquillas retráctiles, también conocidas con el nombre de carretillas de pantógrafo, las horquillas van montadas sobre un tablero que está unido a una especie de pantógrafo, que puede ser simple o doble, el cual, mediante uno o varios cilindros hidráulicos, casi nunca más de dos, produce la extensión de las horquillas y por ende de la carga.

11. a) Almacenamiento a granel.

El almacenamiento a granel es el almacenamiento de los productos sueltos, es decir, de aquellos que no están estructurados en forma de unidades de carga.

Estos productos se almacenan formando montones o rimeras, bien adosados a paredes o bien en el centro de un almacén. Los tipos de almacenes utilizados pueden ser:

- Al aire libre.

- Cubiertos.

La elección de uno u otro tipo de almacén depende exclusivamente de las características del material a almacenar y de su capacidad de resistencia ante los efectos climatológicos.

12. b) Picking.

El picking consiste en seleccionar y extraer de sus lugares de almacenaje los productos que han sido demandados por los clientes.

13. a) 1 metro.

Las carretillas elevadoras retráctiles se caracterizan por necesitar un pasillo de maniobra inferior, en aproximadamente un metro, que las carretillas contrapesadas de igual capacidad de carga.

14. b) 1,5 metros.

En el almacenamiento mediante paletizado se suelen hacer con las siguientes consideraciones:

- La carga no debe superar la resistencia y el perímetro del palé.

- La altura máxima de carga sobre palé debe ser de 1,5 metros.

15. c) 6 metros.

En el almacenamiento de materiales rígidos lineales, se suelen hacer con las siguientes consideraciones:

- Con entibado y sujeción con soportes.

- En pavimento firme y resistente.

- A una altura máxima de 6 metros.

16. d) Almacenamiento en bloque.

El almacenamiento en bloque es el único sistema que permite un llenado al 100 % de un almacén es el del almacenamiento en bloque; en este sistema las mercancías se apilan unas junto a otras, sin dejar espacios intermedios y sin mayor orden aparente que el de llegada de las mismas.

17. a) Intercaladores.

Los intercaladores son planchas de cartón compacto que permiten el apilamiento de botellas. Las botellas dispuestas sobre un palé se pueden colocar por pisos separando unos de otros con intercaladores.

Esto facilita el equilibrio de las botellas, y evita su caída o vuelco.

18. d) 800 mm x 1200 mm.

La medida más corriente para la plataforma del palé es de 800 x 1200 mm para todos los productos de gran consumo. El europalé o palé europeo estándar es un tipo específico de palé con estas medidas anteriormente descritas.

19. d) 700 kg.

En el almacenamiento mediante paletizado se suelen hacer con las siguientes consideraciones:

– La carga no debe superar la resistencia y el perímetro del palé.

– La altura máxima de carga sobre palé debe ser de 1,5 metros.

– La carga máxima conjunta recomendada debe ser de 700 kg.

20. b) 6.000 kg.

Los límites de carga acumulada diariamente en un turno de 8 horas, en función de la distancia de transporte, no deben superar los de la siguiente tabla:

Distancia de transporte (metros)	Kg/día transportados (máximo)
Hasta 10 metros	10.000 kg
Más de 10 metros	6.000 kg

Cómo acceder al Curso

Conserje
Test y Supuestos prácticos

El uso de los códigos **es exclusivo de los compradores de los productos de Editorial MAD**. Cada producto posee un código único y de un solo uso. Es personal e intransferible y da acceso a servicios y contenidos adicionales. Editorial MAD se reserva el derecho de hacer cuantas comprobaciones sean necesarias para identificar al legítimo poseedor del código y dejar de dar servicio a quien haga uso fraudulento del mismo, además de emprender cuantas acciones legales estime oportunas según la legislación vigente.

Deberás acceder a:

mad.es/registro-campus

Si una vez aceptadas las condiciones de uso del Campus decides hacer uso del mismo, necesitarás del siguiente código de acceso junto con los códigos del resto de títulos que se exigen (si fuera el caso):

SUCWGZ2TL3